U0948871

约翰·列侬

坐在我的窗口

杨青 著

文匯出版社

图书在版编目(CIP)数据

约翰·列侬坐在我的窗口/杨青著. —上海：文汇出版社,2013.2

(文汇·麦杰珂新锐作家系列)

ISBN 978-7-5496-0740-2

Ⅰ. ①约… Ⅱ. ①杨… Ⅲ. ①长篇小说-中国-当代 Ⅳ. ①I247.5

中国版本图书馆CIP数据核字(2012)第262702号

约翰·列侬坐在我的窗口

主　　编/桂国强　陈　平
执行主编/陈先法

作　　者/杨　青
责任编辑/戴　铮
封面装帧/瑞凡品牌设计

出版发行/文匯出版社
　　　　　上海市威海路755号
　　　　　(邮政编码 200041)

经　　销/全国新华书店
排　　版/南京展望文化发展有限公司
印刷装订/江苏省常熟市大宏印刷有限公司
版　　次/2013年2月第1版
印　　次/2013年2月第1次印刷
开　　本/890×1240　1/32
字　　数/190千
印　　张/10

ISBN 978-7-5496-0740-2
定　　价/22.00元

主　　编

桂国强　陈　平

编 辑 说 明

为推动文化大发展、大繁荣，展示当下文学界活跃在一线的年轻作家的创作风貌和成果，鼓励他们的文学表达，文汇出版社与上海麦杰珂文化传媒有限公司联袂推出“文汇·麦杰珂新锐作家系列”。

本系列共十种，为关注生活、关注现实、关注时代的小说作品，题材多样、内涵丰富、情感饱满、风格各异，其中七种为长篇小说：哲贵的《迷路》、余西的《另一个世界的花朵》、甫跃辉的《刻舟记》、杨则纬的《我只有北方和你》、周荣桥的《易安香学——李清照的人生和她的中国香》、王兴菜的《一路向东》、杨青的《约翰·列侬坐在我的窗口》；三种为中短篇小说集：走走的《天黑前》、任晓雯的《阳台上》、张怡微的《旧时迷宫》。

文汇出版社

上海麦杰珂文化传媒有限公司

2013 年 1 月

一

1

最近天气越来越干燥，刚洗完澡就静电横飞，阳光炫目空气倦懒，让我时常想起晒干的包谷豆，它们总是被放在烈日下，摇一摇发出嘶哑的干咳声，像北京的大街小巷中行走的人——因为这个季节他们也总是带着烦躁的表情，怒视着空气中无孔不入的尘埃。

不知道我以前有没有喜欢过这样的季节，我忘了，我好像总是在阴郁的天气里告诉别人我渴望晴好，然后出了太阳就附和着所有人一起咒骂它。

在我告诉夏至我要去相亲之前，他似乎向我描述过 N 个他与网友见面的桥段。“我和妞约在回转寿司，她摆了个 pose 等我，然后气定神闲地告诉我，她不吃米不吃面，不吃四条腿的动物的肉，也不吃没有腿的动物的肉，我当时就想直接买只烧鸡塞丫嘴里。”

说这话的时候我和夏至蹲在凌晨一点的酒吧外面吃煎饼，他胡乱穿着件 MUJI 衬衣，却仍然能引得路人御姐萝莉纷纷对其顾盼流连。他酒气冲天地回头问我，你好像很久不谈那些又长又恶心人的恋爱了。我说，你的不也都很短。夏至突然意满志昂地向我正色道，你敢不敢不要随便说一个男人短。我听完拂袖而去，没有让他看见我秋色里羞愤的面庞。

是的，在这个干燥而又令人羞愤的秋天，家人为我量身打造了一次相亲活动。

我曾无知地认为网友见面与相亲并无二致，当然这种想法事实上很傻很天真。它们的区别就好比小姐和女优的不同——前者的行为是一种自发行为，知情者只有双方，目的单纯作风低调。后者的行为要被数目众多的人员操控，随之而后还要被强势围观，围观者甚至会高调交流围观的心得体会以确定要不要策划下次围观——夏至的网友曾因展示了身体的某局部特写，确认无色差后，在一个万籁俱寂的夜晚被果断拉黑。而我却不能因为 QQ 上无力吐槽的聊天而拒绝与对方相见。

2

手机铃响起时我的房间里充满了怨念的剪刀声。

司思说她觉得黑色丝袜无论怎样穿都看起来很廉价。我说不会啊，你看 Camden Town 的那些朋克妞穿着大洞小洞的黑丝多带感。她用兔斯基的眼神看着我说，黑丝不是重点，重点是你有没有人家那腿好吗。说完喝了一口桌上成分不明的mojito，抬头望着我说，小青，这里是北京，不管是 Camden Town 还是伦敦，那都是一年前的事了，就跟这杯酒一样，莫寄托。

莫寄托。

我一边用剪刀把面前光溜水滑一尘不染的黑丝剪得疮痍满目，一边琢磨着这三个字。手机铃声干扰了我的思路，我烦躁地回头去看屏幕上的来电显示，一时间北京秋天炫目的阳光穿过窗帘的缝隙照得我眼前斑斓闪耀，遍地苍白的焦灼。

我放下剪刀，穿上被剪成蛛网一样残破的黑丝，拿起手机，打开窗户跳了出去。

3

莫寄托是一种用朗姆酒、薄荷叶和糖浆调和而成的鸡尾酒，源自古巴，传说中象征着反骨的叛逆与倔强。

4

我在差不多一年之前完成了 Master 的课程从伦敦回到北京。圆满结束了我的海龟生涯，我是说，从海龟彻底基因重组变身成了海带。幸运的是，学校在 times 榜单上的排名掩盖了我水货的本质，使我在北漂的就业大军中如入无人之境。我是说，每三个月我都可以毫无压力地换到一份全新的工作——合同里规定的试用期是三个月——以至于在第四次面试通过的时候，越过德国老板信任的笑容，我端详着他身后窘迫的咖啡杯，居然开始同情他，因为在未来的日子里他将会发现雇佣我是一个悲剧。

我的家人把我留学归来一年之内辞职四次这件事视为我人生中浓重的一笔——当然是败笔。整件事情让我在家庭中的地位急转直下抬不起头，也让我在朋友的八卦圈里变成一个无法超越的传说。

艳蓝的天空下，我觉得自己活得像某句周杰伦嘴里的唱词。

菊花残，满地伤，你的笑容已泛黄。

5

我理解我的家人和朋友，其实更让他们满地伤的，并不是我毫无目标的人生目标，以及我毫无规划的职业规划，而是另一件事。

我的，又长又恶心人的，爱情。

6

我家住在一楼。

从窗口跳出去之后我烦躁地接起了司思的电话。她在电话里冲我咆哮：“你瓜娃儿的手机打十次有九次都无人接听，拿去砸核桃吧，弯弯！”

司思是成都人，白羊座，貌美如花身材火辣，一着急就会用方言对我进行无情的批斗。在伦敦初次见她的那天我被印度阿三的一个巨大的锅盖砸到了脚，于是不顾狂风大作的阴冷天气穿了双人字拖上学，赫然邂逅了穿着短裙抖做一团的司美眉。也许是因为在司思的搭配学里，短裙和人字拖很搭，其共同点是，在那样的天气，能显示出穿着者是很二的。于是她友善地冲我打招呼，咦，你也不知道今天会刮风，你看，你穿人字拖！据说当时我态度冷淡傲慢，也有一说是我当时满脸状况外的无辜，总之我说出了一句令司某人心生怨念的台词。

我说，不好意思，我只是因为被锅盖砸了。

这就是我和司思的初次会面。发生在 2009 年的 9 月底。那时候，纪泽正在雅思口语考官面前狂喷着他完全不懂的 how to make a dish；方佳在飞机上昏沉地醒来盘算第二天到达伦敦该怎么去宿舍比较省钱；夏至和女友闹完口角无比烦躁地发现有个要去伦敦上学的太傻论坛网友要加他的 QQ；而这位太傻论坛网友，正在压抑着自己后毕业时期的小布尔乔亚情绪，思考着人生，思念着自己远方的女朋友。

梦想是脆弱的，梦想只是一种期许，它无法跨越痛苦，时间，生死以及绝望。就像在当时，那位太傻论坛网友并不知道自己远方的恋情会在某一时刻戛然而止。正如同当时的我也不知道，一个月之后，我会在伦敦寒气扑鼻的夜色里，转过身对他说，阿关，你今晚别走了，就住在我宿舍吧。

7

司思家离我家要坐四站地铁，换线再坐四站。

礼拜五的晚上，躁动了一天的城市终于被夜色覆盖，地铁上很挤，气味呛人，每到一站还总有人横冲直撞，发出肉体摩擦的声音，改变人群原本的形状。我连头都不敢回，因为我知道回头一定看见颤动的舌头和发黄的门牙对着我。

我知道这种时候听歌也许是好的选择。MP3 里是 Greenday 的 *Wake me up when September ends*，它曾让我哭泣过。

我一直喜欢那些能让我流下眼泪的歌。

透过人群的缝隙，我注视着窗外。头顶上方是我熟悉的城市，那里的夜色朴实而热烈，可是我看不见，我只看见我的半个脸映在窗上，跟随车的节奏不断起伏。忽然我前面的人挪动了他的身体，一瞬间窗户上疲惫的目光消失了，一闪而过。

我想起几天前夏至对我说，你老了。我说，是么？他点点头。

可是我才 24 岁。

8

我刚开始第一份工作的某个早上边画图边听了 *Wake me up when September ends*，那是和阿关分手后的第二个月，歌没有放完我甚至没有听清歌词，可是我放下鼠标去了厕所。

我在一个很不起眼的地方站了一会儿，听着门忽悠做响，不断有人进进出出，门外是被灯光照得发白的走廊。然而那天那些光线那些声音和人影在我眼中都只是白色的一片。电梯的提示音由远及近地间或响起，最后一个人走的时候把门弄得摇摆不停，她走到门外回了一下头，看见我在忽明忽暗的光线中蹲下，开始轻声啜泣。

每个人年轻的时候都有自己的执著。有的时候很明显那是错的，但谁也不会承认。

像身体中生长的野草，它只能生长在自己的身体里，任何人的干涉都不能阻止它蓬勃地蔓延，我愿意它在寂静迷茫的空气中侵吞我的整个生命，我喜欢听到野草在身体里生长的贪婪的不知疲倦的声音。

因为那些是我的曾经。

9

很多时候我一直在想我是究竟为什么如此确定那些曾经，它有留下任何印记在我的生活中吗？在离开伦敦，不，确切地说是来到北京之后，我仿佛不经意中被另一种生活同化，以前曾在我身边的人也逐渐地消失——这话听起来像港台的鬼片，因为正常人是不会逐渐消失的，他们只会突然出现或是突然不见，可是我身边的人的确是逐渐消失。

我因为这次相亲而发现了这个问题，它在我的朋友圈中引起了轩然大波，以至于消失数日的他们纷纷开始重返人间。夏至在 QQ 上约我喝一杯。过去我们不需要这样。同住在 Hawkridge 宿舍 12 楼 A 的时候，每当在走廊上相遇，作为异性的他对我的开场白永远是："走，上厕所？"我则虚伪地回应他："你动作可得快啊?!"事实证明男生上厕所的速度永远比女生快，这是我上小学的时候很不理解的问题，甚至常常忍着尿等待着有男生涌入厕所的课间和他们一个时间跑进去，而每当我满怀期待地跑回教室他们总是坦然地坐在座位上，带着解决问题后的轻松茫然地瞥我一眼。我内心产生了强烈的挫败感，那大概是我生命中头一次清醒地认识到基因对于第二性的不公。

话说远了，还是说夏至。

那天在酒吧里，夏至把手放在我的肩膀上。在西班牙乐手弗拉明戈的明媚中，我穿越得跌宕起伏。似乎自己仍旧坐在宿舍的厨房里，或者房间的地毯上，他站在我身边，手掌的重量在我肩膀的位置——每当阿关在争吵后离我而去，夏至似乎都会做这个动作。

记得有一次我哭了很久，突然之间抬头对他说，我听见打雷了。他凝视着我，而我凝视着窗外。那个灰蒙蒙的空洞的瞬间，宿舍里满是消毒水和香烟混合的味道——每个礼拜四墨西哥清洁工来过后都会留下这样的气味。

那天夏至在我肩头轻轻捏了一下，然后他的声音就清晰地在我耳边，根本从来就没有打雷，你幻听了，说明你在期待什么。

你在期待什么？我猛地回头，看见夏至永恒不变的轻蔑，仿佛在嘲笑谁。只是宿舍换成了嘈杂的酒吧，消毒水换成了不明所以的食物香味。我说，不期待，但是不去又不行。他说，那什么时候去？我说，明晚。略微迟疑，然后故作轻松地对他说，司思还问我能不能组团相亲，她也要去。夏至像被烟呛了一样夸张地干咳着，组团，好吧，好赞。

老大，帮派活动么？相亲是很严肃的好吗！我没记错的话你那个相亲的是个医生吧，他也带一票护士一起去吗？你是要打群架吗，亲。你跟司思说，让她歇了吧。

你不想知道她最近怎么样吗？

关我鸟事。

停顿片刻，夏至点着了一根烟，那她最近怎么样？

关你鸟事。

10

如果世界上的所有问题都用“关我鸟事”和“关你鸟事”来回答，你也许将节省人生三分之二的时间。你吃饭了吗？关你鸟事。我该不该对她表白？关我鸟事。如此这般。

一周之后，我在夏至的葬礼上思考着这个奇异的课题，又莫名其妙地听到了打雷的声音。

“我说我明天会来

你却在今天离开。”

窗外仍旧阳光普照。我在信的末尾写上了司思的名字，把雪白的信笺放在了骨灰盒的旁边。死者或许可以带着那些不切实际的期待进入了一个异次元的世界，而事实上，握着曾经的只言片语不愿松开的，却是在干燥的空气和刺眼的阳光下蓬勃燃烧不知疲倦的生者。

我又忽然听到有人在我耳边清晰地说，你在期待什么？猛地回头，却只看见挂在墙上的照片——那是2010年的春节，在伦敦宿舍的厨房里，我们一起煮火锅吃。夏至轻蔑地望着镜头，仿佛在嘲笑谁。我伫立在灯光熄灭的死角，视线越过那些定格在镜头上的熟悉笑容。伦敦灰蒙蒙的天空和无休无止呼啸的大风卷着断裂的枯枝在那一时刻穿透照片铺天盖地地蔓延到了我的身上。

多少个星期过去了，我依然觉得自己的窗外有一个黑洞。黑洞的彼端漂浮着陈旧的河水味道。天空永远斑驳，静谧，一如既往的明暗交错。双层巴士在落寞的阳光和阴影中开过，消失在布满潮湿苔藓的桥洞。炸鸡店油腻的窗外，寒冷的雾气被酒鬼们的叫嚣声冲散，不再亲吻街角的阿三店打蔫的蔬果。唯有路灯的光线一成不变地与之相伴，与之终老。

一切注定要失望的。我的窗外只有小区的另一栋家属楼。上述的一切连同那个遥远的城市，和没有太阳的冬天一起，只存在在北半球的另一个经纬。从夏至的葬礼回来后的半夜，我在梦境中惊醒，觉得有什么东西在我的窗外轻声敲打。我翻身坐起，钟表滴答作响，指针指在北京时间3点一刻。

谁能告诉我，窗外究竟是什么。

二

1

认识阿关的时候，我 22 岁零 7 个月，他 22 岁零 5 个月。

我总在没有任何事情能比得过他的时候用自己的年龄进行孱弱的示威。

那我比你大两个月。

又怎样，老女人了不起啊？

没什么了不起，可是我都会吃奶了有人才刚生出来。

会吃奶了不起啊？

比你不会强。

那我现在还会，你会么？

……

在我正式过上母乳充足的惬意生活的时候，阿关刚刚出现在某产房的一角为自己的降临哀嚎不止。

父母给他起名叫安藤。究其原因大概要归结于岛国建筑大师安藤忠雄的名号，其父想让儿子完成自己未了的心愿学习建筑。

然而22年之后，安藤却没能雄起成为空间大师，而是熊包地选择了的法律专业，呜呼哉造化弄人，安藤忠雄变身成安藤终熊来到伦敦，又无端端被我安上了一个二五不靠的绰号。

阿关。

他喜欢我这样叫他，奇怪的是，他居然喜欢。如此无厘头的称呼是在我遇见他第二天之后开始的。那天，在club里，我迅雷不及掩耳盗铃之势如破竹地扇了新生安藤一个巴掌，爆炸的肾上腺素让他瞬间完成了变脸。

数日之后我坐在泰晤士河边望着他说，你是如何练成一秒钟内把脸憋红这个绝技的。跟关公差不多，我以后就叫你阿关好了！

这个令我自我感觉分外良好的英明果断的决定原以为会收到感人肺腑催人泪下的效果，可他只说，他妈的好难听，那我要叫你阿飞吗？

那天他望着泰晤士河水，边吃热狗边焦躁地对我讲了很多颇具教育意义的话语，很深刻，但翻译成人话就大概是“所有泡你的男人都是傻逼”的意思。我抬头正巧碰上他不屑的目光，一时间觉得他头顶佛光万丈，于是懵懵地说，别啰嗦了，淡定，你看你又变阿关了。

他把手放在我的头顶上，面无表情地说了句，笨死了。

2

我从噩梦中尖叫着惊醒，满身黏腻的汗水，闷热干燥的youth hotel拥挤狭小的床铺，黑暗中感到自己一脸的眼泪。

阿关，我怕。

他艰难地翻身把我拉进他的怀里，抚摸着我微微颤抖的后背。我柔软脆弱的头发在模糊的意识里窸窣作响。

然后我听见他在我耳边轻声说着什么。

不怕不怕，有阿关在。

于是我又沉沉地睡去。醒来的时候掀起窗帘的一角看见了屋外反光的厚重积雪。

那是2010年1月忘记多少号的早上，苏格兰Inverness镇。

我小心地拉开窗户，觉得寒冷的空气瞬间唐突地钻进我睡衣的领口。我无力地想到自己也许再也无法回忆起夜晚的梦境，是尼斯湖雷龙一样的水怪么，还是阴沉夜色下鬼怪出没的古堡？或许我梦见了阿关坐在荒凉的满是雾气的墓地前面照相，自己瑟缩着对他说，阿关你别坐在那里。

我想对阿关说昨晚我梦见了他哄我入睡。

可我不愿对阿关说昨晚我梦见了他哄我入睡。

3

阿关，我怕。

我怕你告诉我那真的只是一个梦。

4

2009年秋天的一个下午，我第一次见到阿关。那天距离我和上一任男友正式分手不到一个礼拜。

我之所以说“见到”而不说“认识”，是因为那天我们只是见到，仍旧不认识。他以“方佳大学同学的中学同学”这个身份出现在我宿舍的厨房里，方佳说，小青，他们第一天来伦敦，这顿饭就靠你了！然后又转身对身后灰头土脸一看就是刚刚长途跋涉完毕的两个男人说，小青做饭最好吃！

也许是我在厨房辛勤劳作不知疲倦的身影干扰到了阿关正常的审美，后来的某天他对我说，头一次见我觉得我还“蛮好看的”，可是不知怎么越看越不怎么样……我对此的回应通常是扬起我的小拳头大声宣布，不要再让我听到“蛮好看的”这四个字！然后整个人就嘟着嘴站在那里。可是通常我话音未落，就会听到他挑衅的声音。

蛮好看的。

5

快看那个妞，长得还蛮好看的。

一天之后有个新生聚会，地点定在Chinatown附近，一个中国人聚集的club。人声鼎沸的嘈杂环境中，我顺着朋友指的方向看过去，又一次看见了阿关。他站在忽明忽暗的角落里，身边就是适才大家议论着的，“还蛮好看”的妞。因为对前一日那个蝗虫来袭的饭局印象模糊，如果不是看见了他左耳闪烁的耳钉，我已然快要记不起自己曾经见到过这个人。

身边的第一手八卦信息此起彼伏，有几个人甚至同时说出了那个女生的英文名，Linda，中文名却没人知道。于是立即有人羡慕嫉妒恨的碎碎念，他不是新来的吗，怎么刚来就泡妞，都不过来和大家打个招呼。每当这种时候，方佳的八卦功力就会立即脱颖而出技压群雄。她说，他才不是泡妞，人家很痴情的，女朋友在东京上学，昨天刚下飞机就急着找电话报平安呢！

方佳住在我的隔壁宿舍，在伦敦的同学都把她叫大姐。其实她长得并不像姐，广东人，个子小小的，眼睛大大的，如同真人版的阿拉蕾，但行事作风霸气十足。常人的霸气通常表现为“得理不让人”，而方佳的霸气则掐头去尾，简化为“不让”——她就是理，不让着她的，通通不是人。方美眉是芒果台的脑残粉，酷爱韩剧和TVB，经常看得七荤八素，在现实和剧情中不断穿越，乐此不疲。

对于痴迷狗血剧情的方佳来说，那天在club里发生的一幕应该足以让她玩味良久。

一切开始于一个游戏。2009年的时候三国杀还没有真正风靡，筛盅在人数众多的时候又显得缺乏气场和凝聚力，所以酒过三巡之后大家果断玩起了“杀人游戏”。作为法官的我，因为在这个灯红酒绿人兽杂交的地方多次幻视看错了杀手所指，被众口一词落井下石地宣布，要接受惩罚。不幸的是，惩罚的内容也是我基于“法官不可能躺着中箭”这一井底之蛙的不成熟心态，在游戏开始前自定义的。于是，在这个以促进大家彼此间沟通和勾搭为目的的聚会上，我终于被坑爹地勾到了沟里。

惩罚内容是——输的人要去挑一个异性，扇他一巴掌，对他说，家里有小孩你不管，在这里鬼混。

6

东西方文化在扇巴掌这件事上似乎做到了同一个世界，同一个梦想。虽然大家扇着不同力度不同角度的巴掌，但究其本质都是围绕作风问题展开的打脸活动。

在那天之前，我的记忆中关于打脸的内容不胜枚举，有的发生在我和给我小鞋穿的老师之间，有的发生在我和欺负我的男生之间，有的发生在我和偷我钱包的不法分子之间——当然这些都是我对自己求之不得的事物的心理愉悦与追求——我是说，我在意淫。我在打脸这方面是一个基本没有经验值的青铜圣斗士，小宇宙只爆发过一次。

这屈指可数的"一次"是发生在去往伦敦上学之前。从高中起和我相恋八年的男友背着我和另一个女人赤裸相对，共同弹奏了肖邦的夜曲。当时是夏天，我坐在闷热狭小的公话亭里，汗流浃背地听一位素未谋面的女士对我原音再现他们的滚床单二重奏。直到热汗悉数变为冷汗，我起身看着自己曾经深爱的男人在距离不到一米的地方编织谎言。那天我们站在一个高层的阳台上。多年前被老师批斗过后的傍晚，他时常不回家骑着车带着我直奔此地，对着烧饼般的落日一起举着啤酒瓶狂吹。而那天望着脚下杀气腾腾的城市，和城市里鳞次栉比的高楼，他说，我让你打我十个巴掌，打完翻过这页，日子照旧，还跟过去一样，好不好。

我说好。然后我边复述着我和他在一起的种种，边抡圆了抽到他的脸上。打到最后我发现我的手肿了起来。忽然扑过去摸着他的脸哭得泣不成声，抽噎着说你让我怎么和你好好的，你让我怎么翻过去，你说，你让我怎么翻过去。

如果翻过陈年旧事能像回帖翻页那么令人惊喜欢乐，所有二战主题的电影将会没有票房，欧洲大陆各赛季的暴力事件将会直线减少，啊啊，给我一杯忘情水也会变成史上最无厘头的歌词，而不是周而复始地震动无数人的心房心室，震出斑斑点点的潮湿。可悲的是在某个夜晚，被吹的不再是酒瓶，被震动的也不再是心房，斑斑点点的潮湿落在床单上，湿的却是我八年的爱情。

这十个巴掌总共打了一个小时，像是打完了我的一生。

记忆中我在去伦敦的飞机上哭了一路，满打满算的路程要 13 个小时，如此不知疲倦的泪水终于让身旁的香港女人忍不住问我发生了什么。我把没有对任何人说起过的分手原因，告诉了这个即将分别的陌生人。她听完说她是信耶稣的，在闷热的机舱里，她拉着我的手，伴随着身边东倒西歪的鼾声，对我静静地说了一段语焉不详的祷告。

7

阿关在脚踏欧洲大陆之初，的确像传说中的一样，有一个在东京读书的女朋友。受血型星座太阳宫月亮潮汐遗传基因等等因素的影响，他养成了凡事都要做计划的恶习。当然恶习二字是于我而言的，在世俗的眼光看来，他绝对是一个起承转合，滴水不漏，有计划，有计划，有计划，而且有计划的四有青年。

女朋友会定期地从东京寄明信片到伦敦来，有时画着东京塔，有时画着富士山，有时画着东池袋公园，更多的时候则满是动人的樱花图案。阿关有一次梦见自己来到东京，在樱花盛放的时候收集了很多夹在书里想要送给她。走到她面前，满心欢喜地打开书。

风从窗外吹进来，粉白的花瓣漫天飞舞。慌忙地把书合上，再打开，却发现完整的花，就只剩下了一朵。

那天夜里，他在满世界的风声中睡去，樱花的花瓣追随着未知的宿命在他的梦中旋转。他又看见自己，在大学城外的夜路上拉着她的手说，我圣诞节攒够钱去东京看你。她对他笑。

忽然醒来。天已大亮。

很小心地把明信片从墙上取下，画面上的樱花仍旧绽放。他走到窗前举起明信片看着，阳光穿透整张卡片，投了个怪怪的影子在他额头上。

真是脆弱的花啊。他想。

四有青年阿关计划着省吃俭用攒钱买圣诞节的机票，计划着伦敦和东亚的时差上QQ语音，计划着日期往邮箱里扔进一封封墨迹飘香的信笺。他计划着生，计划着死，终于在来到伦敦两周后的一个中午，计划到了尽头。

从厨房回到宿舍房间的路大概有五米，但对于痴情男子阿关来说，却是从天堂到地狱的距离。

他回到房间看见熟悉的头像一跳一跳地闪烁，满心欢喜地打开对话框，一行粉白色的小字映入眼帘。由于惯性，他把那句话读了两遍，隐约觉得那行字忽然变成了那晚梦里粉白色的樱花在他的眼前飞舞起来。

对话框里写着——我们分手吧，我维持不下去了。

8

世界上原本没有预知这种事，坊间流传的诸多有关预知的传说也悉数不可信以为真。例如，晚上十二点对着镜子削苹果不会看见自己未来的老公长成什么样子。例如，银河系的九子连珠不会造成地球人类的毁灭。

再例如，新生聚会上的阿关，不会知道自己两周后会被甩，也不会知道自己当晚就将要厄运临头。

在我被荣幸锁定为扇巴掌女主角的同时，阿关正在和名叫Linda的女生一人端着一杯红酒谈人生，谈理想。众所周知club是分贝数巨大，大到以至于大家只能用肢体谈情说爱的场所。我十分疑心关某人在club里嘶吼着谈人生理想会产生如下效果——

A：你的眉毛长得好凶啊！！！！！！！！！

B：你说什么，我的胸毛长的好美？！！！！！！！！！！！！

于是围观群众立即在club的墙角边画了一个圈，全票通过了男主角的人选，无数双冒着绿光的眼睛开始对这个“暗黑系猛女的故事”拭目以待。我说，不要吧，人家在泡妞啊，这么做不道德吧。说这话的时候我满脑子都是小时候用羽毛球拍扑蝴蝶，看见两只蝴蝶在交配，自己头脑充血一拍打下去的画面——也不知为什么会产生这样的联想。

劣根性暴露的众人自然是不愿错过这个看打架的机会，于是几经推搡，我被强行押送到了阿关的身后。押送我的几个人在附近欢欣鼓舞地负责监督。

我僵硬地站在那里，内心充满挣扎。逻辑思维的潜能被激发出来，瞬间总结出了此次行为的三大要点：1. 打人是会结下梁子的，尤其是这种动机不明的打人，会使日后的讨好辩解变得苍白无力。2. 我是一个人，对方是两个，一旦失手，会从单打演变成为男女混合双打，自己绝不沾光。3. 下不去手啊，无冤无仇，连话都没说过两句。

我在脑海中进行着纠结忐忑的心理活动，站在一对专注地进行嘶吼聊天的男女身后，无所适从。

要不然怎么说直觉是只属于女人的东西呢。

就在我内心挣扎双腿僵化两手发颤地站在这两只蝴蝶身后的时候，Linda美眉显然是已经注意到有人在窥视着他们缠缠绵绵翩翩飞了，一次次地回头向我奉送她的白眼。我仍然尴尬地站着，同时弱弱地指望白眼能够量变引发质变。我是说，她能主动对我说句话，而不是用眼杀人。

终于我的努力换来了硕果。Linda 不堪忍受我坚持不懈地在她身后静默地矗立，推了推阿关，说，你 friend?

两人同时回头，用疑惑的目光看着我。看着一个素不相识的女人杀气腾腾地站在那里。

9

伦敦街头充斥着线条僵直的时尚，平铺直叙的格子，飞流直下的铅笔裤，一切犹如这个城市里的人们严肃的性格和毫无迂回的说话腔调。

初来乍到的时候我总是一个人静静地站在地铁肮脏凌乱的角落，打量来来往往的人群。有时和方佳在 Camdon Town 上闲逛，看她热烈地和形形色色的西方人交谈，挑选色彩艳丽的裙子或是饰品。自己静默地呆在一边，目光茫然，烟瘾在身体里跃跃欲试。

我到达伦敦的那天是一个教科书一般的雾都清晨，微有寒意。告别了香港女人，我独自拖着两个巨大的行李箱，背着一个被撑得很满的书包出现在宿舍的楼下。包里有宿舍的住房通知书，但钥匙却要进到楼里才能拿到。宿舍叫做 Hawkridge，在伦敦的 2、3 区交界的地方，与伦敦著名的街头集市 Camden town 毗邻，是一高一矮的两栋安静的红色楼房。

2009 年我的思维水平还停留在后大学时代，没有能够及时调整到资本主义频道，认为所谓宿舍应该是一个不断涌出一窝一窝拿着包子拎着豆浆的同学的地方，我便可以在他们开门的时候顺利到达我的目的地前台。不幸的是我站在楼下一刻钟之后意外地发现连一根毛都没有如愿以偿地飘出来。这一切导致我的心情变得复杂，担忧万一碰见的第一个是外国人，会因为口语差而导致沟通无能。受到一些影视作品的毒害，我满脑子都是自己很土地被一些外国富美白，围在中间胡乱嘲笑的凄惨画面。

彼时阴风阵阵，天空忽晴忽暗。深秋的伦敦清晨，我望着自己地上的影子，晃晃悠悠的，写满了陌生与不安。

就在我的意淫已经升级，开始想象自己去参加新生趴体，然后被扒光了拍照发到网上等等的高级桥段，正想得有血有肉，有欢笑有泪水的时候，突然一个帅哥走入了我的视线。

据帅哥后期夸张的演绎，我当时看见他就像妖精看见了唐僧，一把扔开两个超大行李箱，非常恐怖地朝他狂奔而来。大喊着“Are you Chinese!”同时不知是由于加速太猛，还是情绪太过饱满，一个急刹站定，背包的拉链瞬间崩开，包里的一大堆东西争先恐后地喷出来，狼藉遍野。帅哥显然被这个突如其来的状况惊住了，没能及时回答我的问题，使其国籍身份变得疑点重重，越发引人猜测。导致的直接后果就是我不知是用中文还是英文与之沟通，两秒钟后我选择了难度较高一般人难以掌握的恰到好处的中英文结合。

我说，额……啊……哈哈……So……sorry……那个……My bag……you know，哈哈哈……

Mr 帅哥静静地倾听着我牛逼的双语表达，默默地开始捡起地上的东西塞进我的包里，又打开宿舍的楼门，帮我把包拎到了楼管的窗外，用熟练的英语叫来楼管。我结结巴巴地涨红着脸向楼管索要了装着钥匙的信封，哆哆嗦嗦地拿在手里，同时两眼含泪地继续用双语对帅哥同学进行答谢，并小心翼翼地询问着对方的名字和手机。

帅哥淡定地望着我，在我觉得自己的双语表达已经渐入佳境的时候，他并没有用小时候的标准作文模板回答我"我叫雷锋"，而是突然从牙缝里挤出一句话。

老大，请问你背的什么破包，很吓人好吗？我以为你是要向我展示你一秒钟内从包里喷出六包卫生巾的绝技呢。

我叫夏至，你也可以叫我 Vincent。

10

夏至是那天我掌刮阿关的目击者之一，只是我没有注意到他。

夏至说，你准备行凶的时候我正在和几个原本就认识的朋友说话，忽然就看见了远处的你。安藤和 Linda 同时回头看你的时候，你尴尬的表情让我立即就回忆起了那天在楼下碰见你的情景。

我表情尴尬地站着，两只蝴蝶一起回头疑惑地看着我。

忽然间，男蝴蝶的眼睛露出了光彩，温和地站了起来。Linda看了看他，也跟着优雅地站了起来。而我视线的焦点却始终集中在阿关的脸上，我注意到他长着一张时下流行的锥子脸。但这不是重点，他的脸在我的眼中，已然庖丁解牛般地分了区。我只不过是在挑选下手的位置，这就是所谓的专业素质。

然后阿关用平易近人的语气激动地对我说，咦，你不是昨天那个做饭的?!

这句话，犹如一剂强心针打进我的心里。针尖所到之处，一股股的液体瞬间冲开了我的任督二脉，我心里响彻着闷雷般的声音，厨子啊?！你的妞就在旁边优雅地抚弄秀发你把我叫厨子啊！你才是做饭的，你全家都是做饭的！

说时迟，那时快，我听见自己小声嘟囔了一句，不好意思哈。

抬手就是一巴掌！

引用时下流行的俗语，出来混迟早要还。我为了给自己留后路，这一巴掌，我只用了三成功力，也就是说，我打得很轻。

但再轻的巴掌也是巴掌，一掌下去，被害人的锥子脸和双眼同时发生了化学反应。黑暗中一道寒光闪过，这道寒光来源于阿关的眼神，它犹如一道剑气刹那芳华，险些将我伤到。这道寒光和耳钉耀眼的光芒交相辉映，照亮了他那不知何时已然变色的锥形脸庞。目击者 Linda 花容失色，和阿关惊恐地互相看了对方一眼，又转而一起惊恐地望着我，几秒钟之后，Lin 妹妹战战兢兢地望着我，问阿关。

Brian，她干吗摸你？

周围埋伏已久的随行人员在确认图穷匕见，刺杀成功之后，犹如疯狗一般地冲了出来，对我大喊着，台词！说台词！

而我脆弱的心理承受能力和本能的自我保护意识，让我感觉到此时说出台词有可能会造成血溅当场的直接效果。于是，我双手冰凉，所有的血液都在为逃跑做出准备而一起涌向我的美腿。然后二话不说地踩了两脚油门，拨开众人撒腿就跑。

夏至在远处饶有兴味地目睹了我肇事逃逸的全过程，哈哈大笑着拉起身边的人问，欸，你们认识她吗，她哪个系的啊？

我连蹦带跳地踉跄着跑到了安全地带以后，偷偷回头看了一眼，以确定阿关没有拔刀疾行，穷追不舍。

越过喧闹沸腾的人群，我看见他正好也在看着我的方向，目光在忽明忽暗的灯光下显得疑惑而幽怨。

三

1

司思提出要组团和我去相亲的动机昭然若揭。我挤地铁辗转一个小时，穿着破洞黑丝出现在她房间里的时候，她的关注点显然不在我为相亲量身定做的造型上。劈头盖脸就问，你去相亲，夏至会跟去吗？

富美白司思在来到伦敦之前是个不折不扣的小公主。长得漂亮学业顺利又不差钱，唯独情商没有跟上身体的发育，险些成为了张爱玲笔下拥有成熟女人身体和婴儿头脑的红玫瑰。男人如同白驹过隙般在这朵玫瑰的生命里穿梭过往，多数她都记不住名字。我第一次问司思交过多少男朋友的时候她张开小手摇头晃脑地说，两个手都数不过来。数月之后司思很认真踌躇地对我说，她听说这样讲实话会找不到好老公。

我说，那你现在怎么回答这个问题？

她说，我都说“两个”，然后心里悄悄说“手都数不过来”。

杜拉斯说，男人，除非你很爱他，否则没有一个是可以忍受的。这句话作为理论基础支持着司思换男友的频率。“我就是烦点很低，爱人又爱得很肤浅。在一起最多两个月，然后我看见他们就各种烦。”

司思比我早三周来到伦敦，一周之后在校内上更新了日志，题目叫《我要吐槽我的小宿舍》，具体列举了宿舍的五大槽点，原文摘抄如下——

1. 我想知道我门对面是浴室还是瀑布，滴滴答答没完没了，是想让我尿床吗？

2. 我想知道我隔壁是厨房还是夜店，不断有醉醺醺的正太进进出出，看得我莫名兴奋没法睡觉。

3. 我想知道本科生开的是不是吃纸趴体。早上厕所的纸还是胖胖的，开完趴体瞬间就没了。

4. 我想知道印度室友是不是把咖喱当饭吃，现在整个宿舍都是奇奇怪怪的味道。

5. 我想知道我睡的是床还是陷阱，一躺下就凹进去一个坑，然后每天要花好长时间爬出来。

日志的末尾像是问自己又像是征求意见地说，我要不要搬去外面租房子住呢？

网络拉近了人与人之间的距离。这篇日志像德军闪击波兰一样闪电般地击中了司思的前任男友之一。此人在荷兰上学，据官方统计，这厮平均每两天就会发一条哀怨的状态，感叹当爱已成往事，男人哭吧不是罪，腹黑萝莉最是无情——所指当然是司萝莉。日志发出后，前任君立即站内信了司思，表示想来伦敦帮司思处理租房的事。正巧赶上司美眉晚上吃到了美味的 cheese cake 心情爽朗，于是懒散地敲敲键盘，不置可否地给这位前任君回了一封分手一年来唯一的感谢信。谁料这封信犹如一团能让死灰复燃的火种点燃了前任，荷兰的死灰立即天雷滚滚地买了前往伦敦的机票拍马杀到。

电话响起的时候司思正在上课。看见不熟悉的来电显示，接起来听对方说了一句话，立即面无表情地挂掉。对方接二连三地打，司美眉柳眉倒竖地低头接听了电话，歪着脑袋，压低声音，对机场焦急的男人无情地呢喃。

你脑壳起包了嗦，哪个说让你来帮我租房了，老子不想看见你！

脑壳起了一个包，不见得是坏事，某些时候也可能增加脑容量。前任君就是一个完美的临床病例。两天之后，司思的电话被打到关机，QQ 叮叮叮的响声此起彼伏，邮件多了十几封，甚至有人敲开我的房门问，欸，你认识咱们学校法学院的一个叫司思的女生吗？有人在学校的公共邮箱里群发邮件找她，哦，还有微博，把学校微群里的人都@了，还加了法学院的 QQ 群，说务必要找到她。这人是谁啊？

五天之后司思终于真的搬出了宿舍。然而原因却不是那不堪忍受的五点中的任意一个，而是因为前任终于 GPS 定位到了她的住处，不断登门拜访，还在宿舍门口大声喊话：“你不能这样对我，我为了你连课都不要上了啊。”炒作的力量是无穷的，几次三番之后，大家奔走相告，议论纷纷，司思终于在外力的推动下莫名其妙地一炮而红。

本来性格就犹如活火山一般的司红人终于忍无可忍，瞬间井喷，打开房门一把甩出几百镑在前任君的脸上，杏眼圆睁着咆哮：“谁让你来了，老子看见你就想吐！你爱上课不上课，你个不学无术的傻鸟，课上你还差不多！滚，给你钱去买机票，赶快滚蛋，像你这样的蠢货，跟你多讲一句都嫌烦！”

2

井喷的熔岩冷却后，司思收拾细软，以豹的速度租了一个靠近学校的 flat——因为无法忍受网络红人的身份为其生活带来的种种不便，毕竟她的脸在宿舍楼里辨识度巨大，而且已然被贴上了“负心女”这个标签。

在伦敦，租房的费用是留学生日常开销的重头戏，司思虽然不缺钱花，但一个人独住三居的 flat 终归是不好向父母交代。摆脱掉前任的阴影之后，司思开始把注意力投入到摆脱房租的压力中去。每天下了课，她都会在伦敦华人的租房论坛上发帖招租，灰头土脸地被迫当上了包租婆。

静夜里，司思躺在床上望着天花板眨眼良久，不禁张开小嘴自说自话的感慨万千。

What a fucking stupid life!

3

谢菲尔德位于英格兰北部约克郡，虽说是全英第四大城市，却远比伦敦小很多。华人圈满打满算几百来号人，低头不见抬头见。夏至在那里读了三年本科，连台球厅和中餐馆的老板都和他称兄道弟。2009 年初夏至收到了来自伦敦的 offer，请一帮狐朋狗友吃火锅，火锅店老板姓吴，北京人，喝高兴了照着夏某人的后脑勺给了一下子，说，你小子走了也好，谢菲尔德少了个祸害，不过伦敦的姑娘可遭殃喽！

夏某不服被打，直着舌头强行辩解，吴哥你这话绝对是诽谤，我怎么就成祸害了。

老吴笑答，你在谢菲尔德随便找个妞，请她喝咖啡，然后告诉她这杯咖啡是 Vincent 让请的。估计十个得有八个都得追着你问，他最近好么。

我从来没有见到过夏至从前女朋友的照片，问他，他一律说，我没交过女朋友啊，要不你给我介绍一个？有一次司思趁他去洗澡把他的电脑翻了个底朝天，也没翻出任何谍报线索。

说不定人家真没交过女朋友呢。

鬼才信。我问了我谢菲尔德的同学，据说他交过 15 个女朋友，只多不少。听说有次有个香港女生，叫阿 moon 的，怀孕了，夏至陪去打胎。正赶上他国内的女朋友突然跑来英国说要给丫一个惊喜，丫屁滚尿流地去机场接机，就没去医院。

后来呢？

后来那个阿 moon 跟他分手了，回香港以后请了个心理医生做心理辅导，做了有半年时间。

不是吧……这么爆料，好吧，你的线人很给力。

哼。司思不满地撅起小嘴。骗老子，这个该死的东西。

4

有个美剧叫《一千种死法》，是讲各种各样离奇的偶然死亡。有隆胸后坐飞机胸部水袋炸开的，有陨石碎片飞落正好穿透人胸腔的，有拉拉调情的时候误食对方的饰物堵住气管的……总之，死法千奇百怪，各种有型。然而在现实生活中，你却无法两眼精光四射地大口嚼着薯片，去面对死亡放声大笑。

我从伦敦回到北京一年后进行的相亲活动中，夏至没有出现。那天在三里屯的西班牙酒吧里我和他吵得不欢而散。我说，司思是为了你才来的北京，你为什么不见她。他说，不见就是不见，哪来那么多为什么。

五天之后他收拾行李去了柬埔寨旅行。临走短信我说，小青，我想起来我为什么不能见她了，回来你请我喝一杯，我告诉你。

在巴肯山看完著名的日落，夏至发了一条微博："但愿此生能死在行走的路上。"

暹粒的水果贩子在夜晚潮湿的空气中懒散地准备收摊，忽然听到惨烈的一声巨响，三步并作两步地趿拉着拖鞋跑出去张望。拖鞋踩得泥水飞溅，远处吵吵闹闹飞速聚拢的人群，天色昏暗，隐隐约约看见一辆 TUTU 车翻在路边。

他张着嘴，眼皮跳动，不安地凝视着远处。落日消沉，忽然最后一丝天光就隐没了。

司思没有去参加夏至的追悼会，我却意外地在大屏幕的幻灯片里看见了她的照片。夏至的家人说，夏至的电脑里照片少得可怜，找来找去，唯一找到的只有和这个女孩的合影。

照片上，司思坐在 flat 客厅的餐桌旁，捧着一个蛋糕做鬼脸，蛋糕上写着“租房子的哥哥 happy 2B-day”，夏至在旁边点烟，斜眼看她，仿佛在嘲笑什么。一年前的 6 月 21 号，双子座生日。

这女孩是谁，今天来了没有？

我无法回答夏至家人的问题，就如同我终于永远也无法知道夏至回避司思的原因。他带着这个秘密长眠在了行走的路上。如果屏幕上只是一个还没来得及删除的相册，照片上的人也只是一段还没有来得及删除的记忆，司思仍然是幸运的。最起码，相对于那些被刻意遗忘的曾经。

5

包租婆司思在 Flat 56，Apartment D-3，Euston 的房间里等待约好要来看房的男生，他发了短信过来，说自己叫 Vincent。

阳光直射的下午气温有点回暖，司思盘腿坐在床上，一手端着一碗泡面，一手拿着筷子，突然发现自己的橙色指甲油已经掉得残缺不全，便在阳光下转动手指，懵懵地看着。风从窗外吹进来，她凌乱的褐色发丝时不时飘过脸颊。

电脑里在放日本片《被嫌弃的松子的一生》，屏幕上男主角趿拉着旧牛仔裤，在闷热的小屋里收拾松子落满灰尘的遗物。

电话响起来，司思专注地看片，不去理会，直到吧嗒一声转入留言系统。于是整个空荡荡的客厅里都是一个男生懒散的声音。

额……不是吧，你不在家么。我好像和你约了下午要去看房子，然后好像也快要到你家楼下了。还有我觉得你的房子看图片很有爱，为了去看它，我都没有吃午饭哦。你家附近有没有好吃一点的 sandwich 推荐……Ok，Vita 小姐，不要放我鸽子。

司思扑哧一声笑出来。关掉 Realplayer，去虾米网找了首叫《阳光恰恰》的电影原声，边听边把泡面放下，在房子里光着脚转圈。忽然咚咚敲门声，她穿上拖鞋一阵风去开门，路过镜子的时候猛地停下脚步，迟疑了一下，匆忙喷了香水，转身呼地把门拉开。

一个黑人站在门口。

司思听见了什么东西碎掉的声音。咽了两口吐沫，把到嘴边的中文硬生生地憋了回去。转用中式英文问黑人，你……是来看房子的？你叫 Vincent 啊？

黑人摇摇头说 no，我敲错了门。

Vita 小姐松了一口气，刚要关门，黑人忽然折回来说，你衣服上写的是什么?

司思穿了一件有点紧身的T恤,T恤正面有几句英文。她大脑脱线,说了句what? 没反应过来黑人要问什么。黑人俯视凝望着她的胸部,开始读那行字。读着读着,说看不清楚。装作要那件衣服拉平展的样子,在司思的胸部突如其来地摸了一把。

毫无心理准备的司思顿时脑子里嗡地一声,眼前金光四射,倒退五步站定,惊魂未定地望着高出她一头的黑人。走廊里空空如也,安静得只能听见自己的呼吸声。她意识到就在自己的身后,房门大开,而整个楼层在这个时间基本都没有其他人。巨大的恐惧让她浑身发抖,一时间眼前煞白一片六神无主。

凝固的空气中,突然传来一阵清晰的手机铃声。司思跳起来接了电话,又听见了那个懒散的声音,Hello,我是Vincent。没等夏至说完,司思就颤动着舌尖沫星横飞地大喊,你在哪里,你等着,我去接你哈!

夏至被这种突然跳升好几个级别的热情搞得丈二和尚摸不着头脑,说不用了吧,我自己上来就好啊。突然电话就挂断了。司思带上房门穿着拖鞋绝尘而去,身后的黑人耸耸肩,无趣地哼着歌消失在走廊的拐角。

6

那天司思和夏至险些擦身而过。如果不是夏至趿拉着旧牛仔裤的样子和适才日剧的男主角有几分相似，司思差不多就要忽略掉他，继续不知疲倦地飞奔了。

司思像抓住救命稻草一样不管三七二十一地把走廊里的一幕乱七八糟，结结巴巴地讲给夏至听，讲得涨红了脸，眼泪几欲夺眶而出。夏至安安静静地听，直到她说完最后一个字，才停顿片刻说，嗯！实在是太可恶太不能原谅了！那个……那现在那黑人在哪啊？

司思这才回过神来，担忧地望着夏至的眼睛说，可能还在我家门口吧……

哇，好恐怖啊，那咱们改天再约，我不去看房了。See you。

夏至说完作势要走，回头看见司思急得快要跳起来的样子，大笑着摸了摸她的头。我开玩笑的。

然后扭身四下张望，目光定格在司思身后的草坪，说了句，稍等哈，缓缓走向那里。片刻之后回来，手里拿着三颗小草，用手指捏住了草根的部分，露出的草尖是齐刷刷的一样长度。

那个……来测测运气。

怎么测？司思疑惑。

你能挑到这三颗小草里最长的那一个，就是 good luck 咯，就说明黑人大叔 go away 了。

司美眉被挑逗的瞬间情绪积极，欢欣鼓舞，很纠结地挑了一颗草等待答案揭晓。

夏至学着刘谦的口气说，下面是见证奇迹的时刻……

摊开手掌，三颗草一模一样长。

司思一蹦三尺高，大喊着，喂，你耍我啊。夏至说，没有啊，都是最长好吗。说完哈哈大笑，迈着虎虎生风的步伐朝司思家的方向大步流星地走去。走了两步回头说，跟上啊房东美女，有我在你怕什么。

司思撅着嘴，仰起脸看着夏至的背影，略微迟疑着跟了上去。

两人一前一后回到非礼事件发生的现场，果然黑人踪影不见，只有天窗洒下的一片方方正正的白色阳光，像床单一样正巧铺在司思家的门前。司美眉长舒了一口气，掏出钥匙刚要开门，却听见夏至在身后似笑非笑地说，房东美女，你警惕心哪去了啊，变态黑人大叔走了，还有变态华人呢。

司思哭笑不得地回头，你好烦啊。却看见身后的男生靠在阳光和阴影交界的白墙上淡淡地凝视着自己。

你不怕我非礼你吗。

寂静的走廊上，温柔暧昧的空气闷闷地沉淀着。夏至鼻翼上的影子微微晃动的片刻，司思清晰地听见自己的心，咚咚地跳了两下。

7

阿关说他来伦敦的所有奇异狗血事件，都是从我扇他巴掌的那一晚开始的。

一天之后的法学院新学期酒会上，有个娇小玲珑的美女径直朝他走过来，伸出手说，你好，恭喜你通过了我们刚才粗评的本届帅哥海选，我叫 Vita，以后你就是我老公了！

作为一个不彻底的英伦闷骚摇滚小众青年，阿关似乎需要一些时间来消化司思的做派和交流方式。

之所以说他不彻底，是因为他的生命里缺少英式摇滚的不羁，未知与疯狂，更多的时候他是一个对气味和光线敏感的缓慢男子，追求着计划和平稳。用他自己的话来说，慢对于一个男人来说未尝不是好事。他曾说自己像一颗长在框框里的植物，似乎不甘心如此，藤叶蔓延出来，然而终究是在框框里。

我那时想恶魔般地吐槽他——那是因为你只敢呆在框框里——慑于其淫威，终归还是强行忍住没有做声。

一直以来，他都希望自己能够以强人面貌展现于世人，至于能否当个好人，则似乎没有什么所谓。即是像《教父》里的老 Al Pacino 那样，光影分明的脸上写满冷酷、干练、心机乃至毒辣——和夏至恰恰相反，倘若有人对阿关说，喂，你是个祸害，他就会奇迹般地瞬间由内而外焕发出白里透红的光彩——可惜事与愿违，总还是常常被归为好人。

在来到心之所向英伦三岛之前，好人阿关常常抱着木吉他坐在宿舍里弹着旅行的意义。什么是意义？寝室里思想的气息，餐桌上激烈的文化交锋，把社会主义哲学课本扔出阳台的柏拉图崇拜者，还是暑假里刮台风的傍晚，和某人躲在滴滴答答淌着雨滴的屋檐下偷偷抽烟。寝室走廊上夏天的味道，隐隐约约像是大一刚入学时的气息，不知道是花露水、洗涤剂还是太阳晒过的被子——他疯狂地迷恋这一切，即使现实中他只是唯唯诺诺地考过了四六级，凑出半死不活的GPA，装模作样地参与所谓实践活动。硬盘里塞满欧洲的文艺电影，却不自觉地总是点开快节奏的速食片。成套地买回大师们的著作，直到毕业的时候和崭新的教材一起当废品卖掉——他把这一切描述成他精神困乏不堪的年代，说不出个尼采孟德斯鸠，装逼都没有力气，只能在现实中唯唯诺诺地寻找一块遮羞布。

某些时候后知后觉也是一种自我保护，而有些时候则相反。

2009年夏天赴英之前，阿关顶着刺眼的阳光在大学食堂边的小码头把一些无法带走的东西沉进了流经校园的河里。它们咕咚入水然后瞬间消失不见，河水平静流淌，就像什么都没有发生过。每个假期都是他最后一个离开寝室，那次依旧。只是最后一次关上那扇门的时候，他悄悄地说了声再见。

再见未必会再见，然而说再见的人却总是无可救药地停留在过去。

初来伦敦的日子里，阿关和法学院的其他人类们交流无能。即使被叫老公的瞬间，由于男性的本能注意到对方是美女，也依然满脸迟钝与不解。司思默默对其给予差评："一起出去玩的时候，我们都在开心地八卦，他一个人莫名其妙走去坐在窗户旁边，吧啦，带上个大耳机就开始听，完全不理我们，不知道搞什么名堂。"

阿关曾站在他哲学思考的角度向我解释这一切——沟通加速了意识的形成，意识造就了人类。那种从头到尾无话可说的气氛，就像陷在一大片干燥的棉花汪洋里，我讨厌那种该死的感觉。

而我则习惯在他说完话之后言简意赅地翻译，我说，你就直接告诉我，你说东，她说西，你打狗，她骂鸡不就完了，关干燥的棉花什么事，棉花是无辜的。

8

追究司思那次丈二和尚摸不着头脑的叫阿关老公，从人类行为学上来讲，终是一种心理失控后的精神补偿。说白了，她是在和夏至赌气。

其实这完全是一种没来由的赌气，因为“赌”是相对于两人而言的，赌徒与庄家之间需要互动，需要酣畅淋漓，需要残害无数脑细胞换来斗智斗勇的成王败寇。

司思的赌气却是她单方面的事。Vincent从司思家里离开，临走留下一句，改天请你吃饭，便头也不回地消失在街角。司思站在窗口看着他消失，确定他居然没有回头，不禁怅然若失，猛然想起自己连他中文名叫什么都没有问。

荷兰赌徒的赌桌上有个不成文的法则，翻译成国人喜闻乐见的语言是这样的——先赢的不算赢，先输的未必输，高手不和前三圈。

赌徒司思便将这位Vincent先生“居然没有回头”这件事

上网上线，在家生起了闷气，继而决定不给他打电话，鼓着腮帮独自等待他来主动联系自己。然而羞答答的玫瑰静悄悄地开，两天过去了，司思并没有如愿地再次听到那个懒散的声音。四天之后，气急败坏的司思终于战胜了自我，找出那个翻看过无数遍的号码，思来想去，斟酌出了一个借口，修修补补，粉饰一番，确定无误之后播了过去。

片刻，却听到一个亲切平静的女声，Sorry，the number you dial does not exist，please check it and dial again.

夏至并不是刻意要回避她，只是他把那次看房当做一次百无聊赖的消遣活动。某个无事可做的下午逛论坛的时候，发现有个叫 Vita 的楼主，头像照片看起来长得还算不错。就老毛病发作去调戏一番。仅此而已。然而回宿舍后因为转而忙于办理让他头疼欲裂的诸多事宜，顺便看看邮件，顺便打打游戏，顺便看看美剧，顺便也就忘了那个总是用鼻孔看人的傲娇小房东。

在宿舍门口遇见我的那个早上他正好出去办了一个话费超值的新手机号，却意外地路遇了状况百出的我。不久之后，夏至在 club 里撞见我惨绝人寰地行凶场面，当晚回去，不知基于一种什么心理，洋洋洒洒地写了一篇有理有据、内容丰满的申请，递到了楼管那里。说自己有心脏病，受不了隔壁的贝司手日以继夜的勤学苦练，一把辛酸泪跃然纸上。信的末尾明确地指出，“所以，希望您能够允许我把宿舍换到 12 楼 A。”

9

Hawkridge 宿舍 12 楼 A 一共由六间房组成。方佳住在 1 号房，我住在 2 号。3 号房住着一个普罗旺斯的高挑美女，酷爱奶酪。4 号房空缺。5 号房里是不苟言笑的尼日利亚洁癖宅男，每天眼神刚烈地犹如肛裂了一般。快乐的大鼻子小正太皮耶赫住在 6 号房，法国高地人，我总叫不对他的名字，每当他全神贯注地指导我那三个字的正确读音，我便会走神想起国内公车上常常看见的广告——得了咽炎嗓子不舒服恶心干呕，咳不出来又咽不下去。

最后他一摆手，说 anyway，看来全世界最美的语言确实与你无缘，随你高兴叫吧。我和方佳就用中文叫他皮耶，时间长了他尽然欣然接受了他的中文名，每叫必应，再后来发展成，他甚至有时自己也字正腔圆地叫自己皮耶。这一切让我几度对这个世界未来的发展不抱幻想，真理永远掌握在少数人手里，而傻逼们却永恒地能以数量上压倒性的优势把对方拉到和自己同一水平，然后用不败的经验赢到他们，继而掌控大局。

阿门。

我和其余五间房的室友共用一个厨房和两个卫生间，厨房的窗子都开不了非常大，到伦敦的第一天，台湾女生 Mew 对我说，那是因为学校怕我们跳楼。于是每每站在窗边，我就会意淫一个，关于某人实在太想跳楼，就苦练了缩骨功，然后钻出窗子跳下去的故事。

方佳会在做饭的时候眉飞色舞地对我播报一些来自法学院的八卦，自从扇了那个戴着耳钉的锥子脸男人一巴掌之后，我就没有再见过他，可我却知道了司思叫他老公，也知道了他跨国跨洲感人肺腑的恋情。每当这种时候我的思绪就会冲破头顶神游到九霄之外，默默对着我的神上帝耶稣以及老天爷祈祷圣诞节快快到来，好让这位痴情受害者如愿出现在大和民族的国土上，然后选择性失忆，遗忘那些发生在伦敦的宿怨和一夜情。

哦错了纠正一下，是一夜仇。

10

然而人世间的事大抵都不会有那么顺风顺水，欲求与现实往往相距甚远。就像60年代的美国，社会财富剧烈增长，从凯鲁亚克到嬉皮文化喷涌，最后他们也只是渐渐长大成为社会中流砥柱，挺着大肚子，开车送孩子们上医学院法学院或是商学院；就像那些和农民工一起住在地下室里的摇滚乐手，每夜在隔壁大骂方言三字经的美妙伴奏下嘶哑地高唱着梦想的重量，最后也只是收起落灰的破木吉他，搬进二十四小时热水的家，和老婆一起在菜场上讨价还价，西红柿三块二一斤，梦想的重量止步于此。

司思日夜渴望再度出现的租房子哥哥终于石沉大海地不见了踪影，只得边感受着欲求与现实差距的苦楚，边和先后来到的两个恳切的房客签了合同。然而在三站地铁之外的宿舍厨房，我却正现场目击着夏至用剪刀，嘎吱嘎吱捣鼓了几下，一把推开了厨房的窗户。

嗨 Cherry，我换宿舍了，以后住你隔壁的隔壁。

惊讶的女孩看着天际尽头飞速翻卷的乌云，在瞬间涌入厨房的大风中长发凌乱。

而她很快就会更为惊讶地发现，她日夜避之唯恐不及的那个戴着耳钉的男人，将在失恋后的第二天与她再度鬼使神差地狭路相逢。并且在短短十天之后，和她赤身裸体地彼此望着对方，不知道该说些什么。

那是一个说不出尼采孟德斯鸠的时刻。

以及伟大的柏拉图。

四

1

2010 年 11 月离开伦敦之前的酒局是我喝得最不省人事的一次。我在伦敦北部 Seven Sisters 的阁楼里满脸眼泪地望着阿关,一字一句地对他说。

别对我说爱这个字了,既然你说不出口。抱歉,我不需要。因为我不会难过的!我告诉你我为什么不难过!!因为我从头到尾都只是一个炮友!!!

2

好吧我是不是该说重点了,不然看到这里一定有人已经开始想,我们为什么要看这个小青新写的,一个失恋的傻逼男人和一个失恋的傻逼女人之间神交的傻逼故事呢?

我当然尊敬柏拉图。

只可惜,他已经死了。

3

我在大学里某年的年夜前后第一次买了一张叫做 Blur 的 CD,后来也陆续买过几次,有时候是在北京,有时候是在深圳,总之我出没在所到每个城市的“非主流”集散地,看见口打得轻一点的就会买了听,更主要是因为之前买的弄丢了。

在此之前我听新裤子,Joyside,逃跑计划和刺猬,女的偶尔听听张悬。再之前我听陈绮贞。但后来我被她写的《我有一套约翰列侬的限量版邮票》和《黄色的浮板》打动,觉得相比她写的小文字,她唱的歌简直不值一听,继而将她遗忘。也许是 19 岁整整一年时间改变我的东西太多,它们铺天盖地席卷而来,例如在酒吧后面的防空洞听的那些地下乐队的演唱,例如《我爱摇滚乐》和帮开店的小妞甩货的时候跟她学画的烟熏妆,这些影响着我,使我一度摆脱不了“英式摇滚是垃圾”这样的看法。直到我听了 Blur 的 song 2,同时期我听的 Pete Doherty,看了《猜火车》和《两杆大烟枪》。我彻底精神自虐了,于是 Beatles,The Libertine 和 Blur 排在了心目中最牛逼的英伦乐队的 TOP3,还抽风一样地一周内买了各种颜色的铅笔裤。

但不知这个按时间排序的经历,跟我现在仍然无法从叛逆聒噪的自 high 人群转变成为装逼闷骚的英伦范儿有没有什么直接关系。

4

KTV 的屏幕上显示下一首歌是 Blur 的 *Country House*,

我饶有兴趣地四下张望。不远处，阿关拿着麦克风，像个无人喝彩的偏执狂，独自坐在沙发的角落默默地唱完了这支歌。任凭方佳不停地在旁边大喊着，这什么啊，根本没听过。

国外的留学生往往是这样，A 认识 B，B 认识 C，C 认识 DEF，于是大家几度邀约，终能扯上关系，就凑在一起做饭打牌唱歌玩三国杀，进行一些国人喜闻乐见的活动。那天的中国城张灯结彩，有个隆重的舞狮表演。于是阿关再次出现在我的朋友组的局里。

看舞狮的这种行为一度让我困惑良久，因为没有记错的话我在国内似乎从来没有看过这种表演。况且我出生在 80 年代后期的北方城市，逢年过节也没有舞狮的习惯。问题就出在这里，为什么一个从未接触过的事物也会让我这样趋之若鹜，寄托思乡之情呢？我后来发现这是一种标签效应。

例如小的时候我家邻居的阿姨去医院看妇科病，给她看病的大夫早年主攻的是外科，无奈时运不济，造化弄人，在医院里一直从事着妇科的治疗工作。检查的过程中大夫意外地发现阿姨有痔疮，这一发现令他惊喜万分，不能自持。看着这个痔疮就激动得像看见了宝藏。对阿姨说，我给你割了吧。阿姨说不用啊我是来看妇科病的啊！大夫冷冷地说，反对无效！就将阿姨强行摁倒……当然故事的结局并不令人欣慰。强制进行的手术之后，我每天都能听到阿姨在厕所发出的杀猪般地嚎叫声。

当然我说这些不是为了要证明那些传说中的妇科圣手都

是潜伏在医院里的职业杀手。而是要说，人往往爱用一些标识强度较高的事来给自己贴上标签。换而言之，每个人都是生活中的戏子，具有强烈的表演欲。至少在我看来，很少有人能够正直地面对一个普通的自己。

例如尼采，自诩为太阳，到头来不过是一个歇斯底里的疯子。例如海明威，顶着"迷惘"的标签，实乃滥交冠军的有力竞争者。例如割痔疮的大夫，无非是为了例证自己拥有过牛逼的外科资历。

再例如，你养了一只黄狗，起名叫大黄。某天突然发现这是 bull shit，完全没有内心戏。于是将其改名为——家驹。你随之也变成了一个 70 年代，在半米高空蛙泳的港摇分子。最后你终于给它定名为——yellow，同时觉得它连汪汪的时候都用的是伦敦腔——虽然 Coldplay 未必知道自己就这样和歌迷的狗发生了关系，但你却完成了自慰，我是说，自我安慰，并因此而产生了莫名其妙的快感。

我又开始啰里吧嗦不知所云了。我是想说，看舞狮跟穿旗袍一样，是我在给自己贴上"中国娃娃"的标签。

5

我是在表演开始之前，去买包子的途中遇见阿关的，他恶狠狠地朝我走过来，凶残的眼神吓得我只想把手中的猪肉白菜包全部朝他砸过去，然后夺路而逃。后来我才知道，那眼神并不是因为看见我，而是因为失恋，从那次 QQ 上被甩之后，他就开始保持这个眼神，已经整整一天了。

于是晚上吃饭的席间有人对我开玩笑说，小青你看他这么可怜，要不你安慰安慰他吧。我说好啊要不我把包子给他吃吧。那人说，包子顶什么用，你给他当女朋友吧。我在互相调侃的气氛中随口说，好啊。

那人便突然冲着阿关喊，安藤，小青说她要给你当女朋友！

我顿时想将此人推倒在地，而后踏上千万只脚踩踏至死。心说你真是牛逼中的战斗机，贱人中的VIP，一个男人要不要嘴这么快。

阿关听见他说这话，目光游移到我的脸上，说，啊——？

那时的我，笑靥如花，装疯卖傻。却突然听见了头顶上方的空气中“噗嗤”的轻响。尼采说，人类一思考，上帝就发笑。可是我那时并没有思考太多，为什么仍然听见了上帝的笑声？

很多天之后，我才终于明白了那笑声是源自何处。

6

宿舍的电梯间窗口对着泰晤士河和伦敦眼的方向。每天等电梯的时候我都会眯着眼睛，踮起脚尖，极力向远方眺望。空空荡荡的电梯间里，我独自冷清地打量那些不明所以的低矮楼群，听电梯不断发出，6th floor，8th floor 的声音，忽远忽近。

不知为什么，当那声音遥远而模糊的时候，我的心会随之变得空乏无力，而反之如若它近在咫尺，这种迫近又会将我的心揪起，连同呼吸都急促起来。

我撅起嘴唇把窗台上的落叶吹得飞散开去。

“我给你当女朋友。”对于初来伦敦的我来说不过是一句黑色幽默。人生中华丽登场的十个巴掌之后，我患上了严重的失眠。几乎每天四点就会在噩梦中惊醒，然后在房里走来走去，抽烟，实在无法入睡就用相机拍下宿舍窗外一点一点变亮的天空。

从舞狮表演回来后我又在凌晨三点打开电脑，想起阿关适才在 China Town 的 KTV 里唱的歌，便搜出他的校内点了进去。有篇新发出的日志叫《伦敦南部不下雨》。

我看了看发表时间，居然是六分钟之前。

7

《伦敦南部不下雨》

倚在床上的时候正好可以看见在 freshers' fayer 上买的海报，10 镑三张。横穿 Abbey Road 的四个人，光着脚的 Paul。就这么盯着他们也不知道看了多久，还是不知道从何说起。有的人说 Paul 光着脚其实是暗示着要离开，谁知道，离开根本不需要暗示，一切事情在伦敦看起来都稀松平常。我觉得人在伦敦，或多或少会沾染上一些广场上鸽子们的气质，一切不过如此，抱着无所谓的心态每日漫步才是最重要的事情。

天气并没有传说中的那么糟糕，下过几场雨，但大部分时间还是闪耀着很清冽的阳光。即便如此，仍然每天带着伞，我不想看天气预报。伦敦的天空着实漂亮，蓝而且干净，常常拖着淡淡的飞机云，感觉像当时的上海一样。只不过那云略嫌多了一些，把天划得些许斑驳。总是有直升机飞过，吵吵闹闹的。天空很高，太阳很低。

大部分人都不太喜欢这座城市，其实我觉得这是个很适合旅行的地方。每天一个人背着书包走路去学校，半个小时的路程中总可以看见很多令我流连的风景。理发店里的银发老先生永远一丝不苟；打着鼻环的朋克妈妈推着婴儿车，里面盛着可爱的金发小女孩；GP 摩托咆哮着穿过十字路口，后面跟着悄无声息的保时捷。我本该享受这些，可惜的是我已然失去了那些最宝贵的旅行心境。几天前碰巧看见在重庆结识的驴友的日志，竟然在里面发现了自己，关于我的情节，还有我的照片。没想到一个人走的路，会出现在别人的记忆里，真的是很奇妙的事。忽然觉得那次旅行无比遥远，那些路就好像从来没有走过。我怀念的究竟是什么。

我一直是个不太善于面对现实的人，总是会有人在旁边督促我成长，却仍然很笨拙地一再坚持。从这个角度来说，伦敦是个适合我的地方。Camden 是伦敦朋克的发源地，夜幕下总是有形形色色光怪陆离的人物聚集在街头，奇异着，快乐着。朋克不是一种宗教，不反社会，不厌恶其他文化，不鼓吹自己，不自怨自艾，只是自我坚持。

那天在 Proud Camden 听了一晚上的摇滚，悄悄地迷上了一个女鼓手，可惜我再也不会见到她。其实摇滚是该安安静静听的，所谓说得出来的委屈便不再是委屈。现实很锋利，梦想很柔软，断了也只能让它断了。我的坚持被驳回。

你们不需要爱我，但是我爱你们。

Corridor 里住着一群快乐的小青年，隔壁的荷兰高佬很爱听中国的故事，奥地利帅哥则总是跟我们讨论男人与女人的区别，学欧洲史的德国小姑娘在一旁嘲笑他的德语，MZ 会做 French toast。这里有很多对我很好的人，会做令我感动的事，说令我感动的话，只是我已经不知道怎么去回应。周末的晚上，常常被同楼的 undergraduates 从睡梦中吵醒，MAT 有一次还很惊奇地问我，周五晚上你们居然不去 party?！天气不错，邻居很好，食物很糟糕。有时候自己做饭觉得很有意思，只是要花很长时间。不知是生活本来就没有两样还是我适应力太强，总之缺乏一些实感，总是麻木。我不敢说这样的生活是好是坏，只是软软的很难受。

时间过很快，好几次等到 29 路车变成 Night29 才回家。在站口等车的时候风非常大，我总觉得好多场景像是梦见过。Camden Town 广场上销蚀的拿破仑三世像，Euston Station 静静的火车，不知名教堂外墙上的父向我张开双臂，我抬头朝他挥挥手。还没决定要不要继续向日本姐姐学日语，东京塔怕是也只能在明信片上看看。列侬最后还是传奇般地结束了那传奇的一生。我也知道你不再是我的大野洋子。They tell me your blue skies fade to grey.

伦敦很好，我想要去泰晤士河转弯的地方，照一张相。

8

呵呵，该怎么形容这个刚刚失恋，却赌气一样在泰晤士河边上跟我照了很多绯闻照的男人呢？戴个耳钉，说话很慢，笑的时候会把脸憋得像关公一样红，还是……还是在某些偶然的时刻，他突然飙高的气场会令人心悸。

整件事发生得过于突然，但又似乎三两句话就可以说得清楚。

因为我的校内造访，使他惊讶地发现了另一个晚睡强迫症患者。由于相似的心境，他无聊地加了我的QQ，开始了火药味十足地相互谩骂。阿关慷慨激昂，愤然声讨了我掌掴他的恶行。我强词夺理，拒绝为自己做过的事负责。他当时的签名是"谁来帮我缝扣子"，于是在清晨五点，谈判双方当机立断地拍板决定再次单挑，输的人要给对方缝扣子——而我其实并没有任何一件衣服掉了扣子。于是从泰晤士河回来，一起做饭的时候比赛切肉，在黑哨方佳的判罚下，我输给了把肉丝切成肉条的他。

于是第二天的晚上我坐在令我魂牵梦绕的男人面前穿针引线，从 Blur，Beatles 聊到英超、世界杯，从阿加莎·克里斯蒂聊到库布里克。再后来聊到感情。我说，你不能理解我因为我太感性而你足够理性。他说其实我一点也不理性，来伦敦这么长时间了，很久没有这样和人说过话，尤其是这两天，每天半夜都会醒来。

房间里安静的片刻，我的针忽然就扎到了手。

对了顺便说一句，我说的令我魂牵梦绕的男人是指他墙上海报里的四个，通常人们叫他们 Beatles。

9

或许那个夜晚没有不同于往常任何一个夜晚，然而就是在那样一个夜晚他吻了我。

阿关的宿舍和我的宿舍相距甚远，在送我回去的途中，我们迷了路。伦敦的道路像被下了咒一样，全是相差无几的教堂，花园和打烊的阿三店。

深秋的夜晚，遍地黄叶，万籁俱寂。阿关和我满头问号地走过了无数看起来别无二致无数的岔路。还经过了一个阴暗潮湿的桥洞，锈迹斑驳的铁轨从那里穿过，我摸着墙上的涂鸦说像《发条橙》，他却说想起《猜火车》。

回到宿舍的时候已经快要半夜三点，我倒了杯热水给他暖身。然后走到窗边，打量着远处星星点点的灯火——楼下有一只白色的小野猫独自蹲在路的中央发呆，许久，起身缓缓地消失在黑暗处。我的目光一直追随着它，直到它完全消失的时候，我仍在努力找寻它的踪迹。

阿关的声音从背后传来。那我，就先回去了。

我忽然转过头，像那只夜游的小猫似的茫然不知所措。

阿关，你今天别回去了吧。

当时他正靠在我床头的台灯旁边喝水，一口水呛住差点从鼻子里喷出来，像在景阳冈上看见了吊额白眉大虫一样看着我，留下了满房间的错愕。

当时我跟他之间的距离大概五米，我，他，跟我的小狗台灯形成了一个符合勾股定理的标准直角三角。他许久不语只定定地望穿秋水般凝视我，目光在柔软的灯光下显得非常杀人。我的表情只好随之在笑与不笑之间徘徊，思考是否要在他扑过来打虎之前做个热身。

片刻之后他从牙缝里挤出五个字。

你说真的啊。

真的啊。

那怎么睡啊？

穿着衣服睡，你睡我床，躺我旁边，陪我说说话。

也许是因为我的目光感化了他，也许是灵异的"Hawkridge三角"使他的大脑火石电闪，形成可怕的变异，也许是真的像他说的那样，决定拿我开刀改变他的人生观。总之他答应了我——他说，那你得去给我弄条睡裤穿……

几乎同时我蹦跳着跑出门去帮他借睡裤，快乐得像个听说第二天要去春游的小孩。

10

阿关，永远不要问一个孩子做一件事情是为什么。她永远不会知道她为什么那样做。什么才是重要，什么才是不重要，什么才是现实，什么才是不现实，什么才是有意义的。

什么是意义？

11

那个抑郁闷热的夜晚，我们几乎无法停止地接吻。

起先阿关很纠结地蹲在床边上看着我，台灯的灯光暧昧，气氛一度陷入尴尬。

直到我很无奈地说，你为什么还不上床？

他说，你确定你想好了啊……

我说，恩，又不干吗，你就当是住青旅吧。

他忽然一个鱼跃蹿上来，一把关掉灯躺下了。

房里很安静。

12 楼的宿舍，小小一间屋子铺着地毯，躺在床上正好面对着窗户，窗帘拉不严，有时会有月光透进来。初来伦敦的日子里我经常望着地毯上一块晃动的流光出神。

一片寂静中只能听见呼吸声，阿关忽然说，你给我讲讲你的事吧。

什么事。

我听方佳说了一些。

他一夜情，我们分手，就是这样。你呢？

我什么？

女朋友怎么回事？

不要我了啊。

为什么？

这有什么为什么，没有为什么。

停顿了一下，我说，当然有为什么，肯定是因为你穷得睡裤都要借着穿！

说完顿时自己笑得人仰马翻。阿关恼羞成怒，黑暗中我也看不见他是不是又变身关公了，总之他从喉咙里憋出一句鼻腔嗡鸣的话，你他妈的……贱人，你怎么这么没有同情心！我幽幽长叹着在旁边说，同情你有毛用啊，你给我钱，我立马同情你！说完又咯咯笑个不停。

阿关无奈地咆哮，你他妈的别笑了，你隔壁现在肯定在想，这女人是不是因为穿了我的睡裤激动得笑醒了！

我说，我警告你今天晚上别乱动，隔壁是筷子腿，你看你那腿粗得顶人家两个，一个翻身把裤子扯了，到时候人家还以为是我臀太大撑的呢。

什么叫别乱动，我现在有乱动吗！

就是让你躺平了睡，睡成大字形不要动！

怎么也是木字型吧！

别欺骗自己了好吗！

阿关突然翻了个身，侧躺着望着我静静地说，我就不躺平。

笑声一瞬间消失了，所有的事物静止，幻化成一个沉默的片刻，黑暗中有什么灼热的东西在闪动。我看见窗帘缝隙中透出的光亮，风在房里寂静地穿梭直到消失不见。

然后他说，你为什么这么可怜。

他伸手把他温暖的掌心贴在我凉芯芯的面颊上，我笑了一下，奇怪的是我居然笑了，撅着嘴，依旧像那只夜游的小猫，甚至不明所以地用鼻尖轻轻蹭了一下他的手。

我说，我才不可怜。

一瞬间，没有任何先兆的，他一把把我拉进他的怀里，热烈的吻像潮水一样排山倒海地淹没了我，我猝不及防，生涩地搂住他，紧紧抓住他衬衣不知哪里的一个我能够到的地方，在他怀里难以抑制地微微颤抖，这种气场忽然飙高的加速度实在让我惊诧万分无力招架，不知为什么连呼吸也困难了起来。

忽然觉得有风飞进我的脖子，顺着我的身体流淌。没有语言，没有对话，睁眼的片段中，月光飘落进来。

他解开我的衬衣，这一切让我脸红，阿关，你说为什么？为什么我要脸红？

我红着脸一把推开他，用了很大的劲。他低头看着阴影里我明亮的眼睛，陌生而惊奇地看着他，我说，你是喜欢我？

他沉默，在逆光的黑暗中俯视我，我一点也看不到他的表情。片刻的停顿，他忽然恶狠狠地回答我，更像是自言自语。

“不知道。”

我迟疑地伸出手去摸他的脸，仿佛回到了童年很小的时候，去拿一杯放在高处的水，很小心，怕洒出来，脸上的表情安静天真，找不到一丝的怨怼。

他握住我的手，那天夜里，压抑地灼热，我心慌意乱，急忙把嘴唇再次贴在他的嘴唇上。接吻，莫名其妙地心安理得，长久，偶尔睁开双眼，又是月光飘落。

如果世界上有陌生，毫无原因，却不知疲倦的吻，大概就发生在那晚。自始至终我与阿关之间几乎没有对白，只是疯狂地亲吻着对方，直至疲倦。要睡着的时候阿关才发现只有一个枕头，他低低地说了声“他妈的”，一把把我抱起来，把枕头塞在我的头下面，翻身睡了。

我默默思考着这场耗时两个钟头的吻戏里仅有的两句台词，意识在将睡将醒之间抽离。整个灵魂都努力想在梦魇到来前跳脱出来的，漂浮在天花板的某一个角落，妄图在杂乱无章中找寻一个解释。

然而最后终于还是被铺天盖地的困倦击败。

12

等等，是我记错了吗，那时候我的窗子应该是关紧的，可是为什么会有风？

阿关，那是风吗，飞进我的脖子。是风，还是只是月光？

只是月光，跳进我让人脸红的身体。

13

那天我神奇地没有失眠，醒来后是一个温暖的早晨。

阿关貌似还在熟睡，我看了看他，轻手轻脚地从床上跳下来凌乱地站在窗边抽烟。拉开窗帘的一角，阳光瞬间喷溢，我眯起眼睛，看着外面斑驳的天空和寂静的街景发呆。

回头看见阿关不知何时也醒了，在背后望着我。

我问他，几点了？

八点才。他回答。

我嘟囔了一句，到底是北半球高纬度，才八点天就亮得跟傻逼一样。

他撑着身子坐起来，“嗯，我也饿得跟傻逼一样。”

我扑哧地笑了，瞬间房里的气氛变得温暖和煦。

你等着，我去给你煮碗面吧。

14

那是神奇的一天。我和阿关两个人去了 Brick Lane——一个遥远地区的集市。人声鼎沸，画满涂鸦和裸女的砖墙下堆满了无数打口碟，黑胶唱片，还有不知名的炭画，油画，速写，欧洲旧货。清瘦的男人背着吉他在烤肉的烟雾中穿梭，走过一家挨着一家的复古时装店、首饰店和二手名牌店，满脸的不羁映衬着淡淡的雀斑和耳后的纹身，路过朋克成群的 live house 会冲他们扬一扬眉毛——Rough Trade East 是伦敦最好的乐队聚集的地方。

气味浓重的印度咖喱店外，穿着磨破边的铅笔裤的落寞画家，坐在旧沙发上和来自孟买的商人热烈地交谈，你停下脚步时，他就会用浓重的英伦腔冲你喊 Hey guys how's going!

神奇的是没有人问问题。

我曾一度幻视，仿佛看见人群中那些优雅的巴黎女人，卖汉堡的胖子，背着吉他的帅哥，独自坐在太阳下的落寞画家，以及等等的所有人都挨个回头对我说，“亲爱的，你们昨晚接吻了。”店铺里的老板从堆得高高的账本和报纸中抬起头，和蔼地笑着，“嘿，你们昨晚接吻了。”孟加拉少年穿着宽大的，脏兮兮的牛仔服，坐在来路不明胡乱堆放的自行车旁，我路过时他眼神邪恶地看着我说，“不记得了吗你们昨晚接吻了。”

甚至连砖墙上的涂鸦都写满了，“You know, you guys kissed last night!”

当然那只是幻觉，并没有人注意到我们。两位当事人都对前一天晚上的事保持缄默，就好像什么都不曾发生过一样只字不提。我的记忆没有出现问题，事实确实如此。我们好像又恢复了心照不宣的朋友关系，谈论着落满吹尘的旧货，买着便宜的热狗塞饱肚子，甚至态度友好地在对方的面包上涂抹着番茄酱和沙拉酱。

如此的气氛中，让我一度怀疑夜里发生的一切只是我的一场幻觉。

五

1

认识司思之前，我的人生混乱不堪，她扇动着洁白的翅膀降临到我的身边，从此，我的人生更乱了。

长翅膀的未必是天使，也有可能是鸟人。

我伟大的相亲因为有了闺蜜司思亲自挂帅的鼎力相助，终于变成了闹剧一场。相亲对象是一位学习医学的博士，未曾谋面的时候，他就对我在英国上学期间的作风问题进行了旁敲侧击地反复了解，并且告诉我他不接受女孩子有夜生活，因为自己通常十点就要睡觉。司思暗下定论，“此人不是变态就是傻逼要不然就是两者结合体，”说完之后又对未来做出了展望，“我这半年就指着你这次相亲笑了。”

为了不让自己未来的半年都变成一个笑料，我毁掉一双丝袜打造了以吓退对方为目的的朋克妞造型。

见到博士的时候，我确信他和我的梦中情人一样含蓄有内涵，只是我的梦中情人踩着五彩云霞来见我，他来的时候，却黑云压顶——那是一个教科书一般的死胖子——然而真正的高潮开始于我和胖子的一番无聊寒暄客套之后。我的手机忽然响了，我当着胖子的面接起，听见司思激动的声音："二货，你和那个傻逼在哪儿相亲呢？我要带人来砸场子。"

我的手机是那种不用公放胜似公放的，平时打一个电话方圆十米的人都能默默对我私人交流的内容了如指掌。我抬头的瞬间很想自行戳瞎双目，因为胖子铁青的脸赫然对着我。

十分钟之后，司某人率领着方佳和其男友出现了，坐在旁边一桌朝我挤眉弄眼相互推搡，伤风败俗至极。这种视祖国精神文明建设为无物的行为令我险些尿崩，只得凭借着自己多年来练就的内功强作支撑。

仙踪林是台湾著名的茶餐厅，以其标志性的兔子商标以及秋千座椅而广为消费者喜爱。2011年深秋的某天，仙踪林里的所有人大概都不会忘记那一声巨响——以司思为首的相亲破坏团伙为了把医学博士彻底看个分明，集体换座位到了面对着他的一个秋千上，该秋千不知道是因为年久失修，还是不堪重负，在众目睽睽之下轰然倒塌。

2

直到躺倒在司思家的床上，我都像被下了咒一样笑得抖动不止。司思抱着一瓶 Jack Daniels 进屋，说，笑毛啊，姐是在帮你好吗，你说这个效果有没有，我觉得比你的破洞黑丝有！你看了那绝望的眼神，估计现在已经忧伤逆流成河了。

我撕开一袋薯片，若有所思地盯着床头的烛光发呆。

欸，上一次到你家喝酒是什么时候的事了？

她想了想说，在伦敦我生日吧，回国以后没在家喝过。

我的思绪立即变得阵痛起来，仿佛有个即将降临的新生儿在倔强不知疲倦地想要爬出大脑，让我看清楚他的模样。Jack Daniels 和可乐混合，甘甜中带着一丝调侃，是我久违的亲切，现在夜店里假酒横行，司思说像在喝醋。

她喝着喝着，摇晃着玻璃杯问我，你说那次如果不是为了安藤的事，你会带酒来找我吗？

我为了他的事？！拜托是你让我去涂指甲油好吗。

去死吧，我会让你去涂我的指甲油，我在那天之前一直都看你不顺眼，想用锅盖把你砸死。

停顿片刻，她把杯里剩下的酒一饮而尽，哀怨地望着我说，其实我觉得挺奇怪的，他脚踩两只船被我们揭发，你为什么后来还居然会跟他在一起。

窗外星光闪烁，北京的夜色里，有多少人拖着疲惫的身躯攥着手里的纸币笑容甜蜜，有多少人蜷缩着标价千万的身体在宝马里无休无止地哭泣。八小时之外的伦敦应该是华灯初上吧。

两年之前，就在这样一个夜晚，我和司思一起出现在 Max Rayne 宿舍楼下的那一幕情景，可能会让阿关此生难忘。

3

2009年万圣节的前一天晚上。阿关莫名其妙地忽然和我做爱，这距离他莫名其妙地吻我，刚好过了一个礼拜。

那天是10月31号。文艺一点怨妇一点说，距离新的十年，还有刚好两个月。

4

我有一个非常短暂却深刻的记忆，我在高潮来到的时候看到了 Hawkridge 房间窗外紫红色火焰一般的晚霞。

那是在很久之后的某天，不记得是我们第几次做爱，我只记得我凑到阿关耳边轻声对他说，外面真美。

记忆中似乎是三月的某个星期五，我们发疯一样拽掉对方的衣服裤子，纠缠在一起滚到我的小床上。我一边吻他一边怨念地问，干吗不能等到吃了晚饭。他发烫的手死死抓着我的大腿，他说，我就是不能等。

我们把椅子放在窗前，房里的一切像被落日烧过的灰烬，我环抱着阿关的脖子，身体被他的灼热一下一下地穿透。

他两手托着我的腰，他说，像捧着一朵上下飞舞的火烧云。

5

很多个夜晚，我们皮肤滚烫，下身潮湿，像饿了好久的孩子一样贪婪地吮吸撕咬着对方，把他的床单被子滚得乱七八糟。去洗衣房要花两镑，我念叨了几次，后来也无视了，任凭他一次次把我扔在荷尔蒙纷飞的床单上。

我边咯咯笑着被他压在身下，边扬起下巴让他把吻印满我的全身。他说，你就是我的小荡妇，以后只许当我一个人的专属荡妇。我翘起小脚丫缠住他，说，你不怕被荡妇掏空么？他使劲掐了我一下，疼得我惨叫一声咬住他的肩膀。

他说，掏空之前先让你死一万次。

6

我似乎遗忘了那个离新十年还有两个月的夜晚。对细节匮乏联想，模糊得令人莫名惆怅。也许这本没有什么好值得特意纪念的，后来的某天他说记得在月光下看见我胆怯的双眼。

我胆怯地望着他，因为那个晚上我们对彼此的一切都很生涩。

我指的不仅身体，甚至是两个宿舍之间的路。

那是我第二次走那条路。从 Brick Lane 的集市回来之后，我们心照不宣地相互不闻不问，连网上的交流，也仿佛刻意在回避那个荷尔蒙错乱的夜晚。唯独让我能笃定相信一切不是幻觉的证据，似乎只有夏至的睡裤，它一直平躺在床的角落，不时尴尬地与我对视。

一周之后阿关约我去超市，说有话想对我说。

在沉默的气氛中，我们完成了可有可无的购物，各怀心事地向他的宿舍走去。穿过 Camden Town 的时候很多店铺都正在打烊，归家的人们像疲倦的候鸟般拖沓行走。他忽然指着远处的天空说，你看那颜色。我抬头看见剪影般的灰暗里，一抹最后的幽蓝。

阿关走在陌生的路灯下，从满地的枝桠破碎的叶脉上踩过。

7

“我交过五个女朋友。”

这是我走进阿关的宿舍他对我说的第一句话。然后他不顾我在这天雷滚滚的开场白后讶异的表情，开始讲他的情史。

具体情况如下——女朋友 ABCDE，ABC 青涩初恋按下不表，女友 D 大学和他在一起三年，却在毕业前夕分手转而投入别人的怀抱。三观颠覆的关某一度陷入低沉，此时他发现了一直在身边的 E，就是后来去东京的美眉了。东京妹 E 和他神交良久，由于共同的爱好和人生观，他决定开始追求 E，这是他此生最突破自我的一次追求，从上海追到重庆，又从重庆追到凤凰，总之苦情戏换来了大团圆的结局，E 终于答应了他。

人生不如意十有八九，欣喜若狂的阿关，连做梦都经常看到 E 在机场等他的画面。然后他梦到了开头，却没有梦到结局。

讲完这些的时候，他的电话突然鬼叫般响起，我看到了来电显，Vita。

在此之前的一周，虽然我和阿关沟通甚少，但我却可以常常听方佳提到他和司思的事。“他们每堂课都坐在一起有说有笑，而且整个法学院都知道，安藤喊司思老婆耶。”

谁是司思？时隔多日，我对那个寒风中抖动的像凉粉一样的短裙小妞印象模糊。

就是 Vita 啊，我跟你说过，新生酒会上主动走过去跟安藤打招呼的那个。

我点点头，没有再问别的。Something looks so funny，huh?

是不是猜不出答案的游戏，比答案本身更让人着迷？

电话接通后，整个房子都是司思的声音，在和阿关讨论第二天一起去剑桥玩的事。挂了电话以后他有些尴尬的样子，说，明天我要去剑桥。

我说，好。

片刻的沉默。他坐在桌边，我坐在他的床上。他站起来疑惑地走到我面前，我就仰起脸看他。

许久他说，你为什么什么都不问？

因为我不想知道。

为什么？

我耸耸肩，看着他说，你又不是我男朋友。

阿关脸上沉重的阴郁，可是我不能和你谈恋爱。E 和我分手之后，我觉得我无法再好好谈一场恋爱，你知道吗？我甚至想要从伦敦毕业以后去东京找工作。我一直默默攒钱盼望去看她，我从来没有为任何人做过任何此类的事，我也从来没有像期盼这个圣诞节一样期盼过任何一个节日！

我安安静静听他说完，然后抬头看着他说，我不需要你和我谈恋爱。

他愈发难以捉摸地皱起眉头，那你需要什么？

我随意地翻看着他厚重的法律书，然后把书合上放到一边，看了看他，接着，有点不明所以地低下头，淡淡地说，在我找到我的下个男朋友之前，你会一直照顾我么？

他缄默不语，眼里一闪而过的温柔，却瞬间被刻意地抹去了。忽然就捧起我的脸吻了下去。

窗外，伦敦秋天的第一场雨正在无声无息地飘落，细密的雨水穿过路灯亘古不变的幽暗光线，千百年来一直是那样的迷惘而忧伤。

8

Cherry. The Last Day of October，2009. Halloween

9

万圣节的早晨我接到了台湾女生 Mew 的电话。

当时我正用眉笔费力地把这句英文写在阿关床头的海报最下面一行，并努力使它们看起来和原本海报上的印刷字体并无二致。桌上摆着果汁和早点——阿关为了追赶去剑桥的火车不知何时已离开了宿舍。

我检查着我在海报上的留名，缓缓坐下。

窗外是几棵茂盛的树木，在雨中无精打采。不过如果天气晴好，便会看到太阳炽烈的白色光芒倾泻在它们之上，碎落下来。我忽然无缘无故地哭了起来，打开镜子，粗暴地把爽肤水混着未干的眼泪抹得满脸都是。但泪水仍旧不断涌出眼眶，我自顾自地刷着睫毛膏，恶意得不愿再去理睬它们。

电话信号不好很是嘈杂，使 Mew 甜美的声音如同她的形象一样显得模糊而遥远——她问我要不要去参加万圣节的 party。

关上宿舍房门之前我最后看了一眼那个散发着暧昧空气的小地方，端详着自己留下过痕迹的海报，不愿离去。

海报上画着两条小鱼，一条在没有水的鱼缸里，一条在盛满水的搅拌机里。下面分别有着令人难过的评语。

This sucks

This sucks more

我长久地站立，静静思考，我究竟是哪一个。

10

布尔加科夫在他的《大师和玛格丽特》中借魔鬼撒旦之口问过，“假如世上不存在恶，你的善还能有什么作为？假如从地球去掉阴暗，地球将会是什么样子？要知道，阴影是由人和物而生的，你是不是想把地球上一切树木和生物统统去掉，从而满足你享受完全光明的幻想呢？”

耶稣托马太向撒旦传话，请他让大师得到永世安宁。撒旦问马太，为什么不将他带到你们的光明世界？而马太的回答是：按功德他不配得到光明，他理应得到安宁。

阿关独自坐在去往剑桥的火车窗前，一望无际的大片农场上，矮小的房屋和尖顶的教堂零星散落，他看到不知名的白色花朵在田野中摇摆不定，忽然想起了昨夜的大雨和在他怀中颤抖的女孩，她说，在我找到男朋友之前，你会一直照顾我吗？

雨滴飞溅到他面前的玻璃上。

远处的法学院同学在吵吵闹闹，他听不清他们的内容，无非是打牌，八卦，奢侈品打折，还有真心话大冒险。他就悄悄一个人坐在远处。他在想如果必须要向耶稣祈求某种功德，那即便得不到光明，至少安宁是总该有的。

2009 年临近大学毕业的时候，阿关从笔记本上撕下牛皮纸，在食堂包装一瓶香水。他的冷清在外人眼里常常看来是木讷，独自上学放学，买菜做饭，看书写字，寄信拍照，他在用这些时间做两件事，思考以及思念。

对于一个习惯隐藏自己内心的人来说，真心话其实就是一种大冒险。他不愿向周围的人解释那些他爱的时光，他们会说，是因为那瓶 Versace 吗？外表华丽的，反而常常有着很腐朽的内在。但他无力解释给他们听。

嗯，那个，你怎么不和大家一起玩啊。司思的话打断了他的思路。

玩什么？

我们今天玩假装情侣一天的游戏，他们让我过来问你，你要和谁一组啊。

随便啊。

没有随便这个人啊。

阿关看着司思，发现自己陷入了一种无法形容的状态。从她走过来叫自己老公，不，从女朋友跟自己分手的那一天就开始了。她站在大学时光的尾巴上，他死死拉着她的手，意识到一松开所有的一切就将像毕业那天他沉入河水的东西一样隐没——而她却挣脱他的手，带着所有他爱的旧日时光消失。

她没有情绪，只是挣脱而已。像掰开生命中紧扣在一起的某个环节，吧嗒。

吧嗒，空气中简单的声响。但对于一个偏执狂脆弱的耳膜来说也许不那么简单。似乎有什么说不出的问题，不算糟糕，只是说不清。于是迫切地需要一个发泄的渠道。而他自觉找到了这个渠道——当那些女孩装疯卖傻地对他说，“我作你的女朋友”，或者“以后你就是我老公了”之类的话的时候。

到底和谁一组啊，你聋了吗？司思不高兴地皱起眉头。

那就你吧，反正，你不是说要当我老婆的。

11

晚上回到宿舍之后阿关一身疲惫地躺倒在床上，想给司思发个短信说到宿舍了。又回忆起了白天那个无聊的“假装情侣"的游戏——他和司思最终输掉，因为他不知道要怎样装作情侣，在所有的场面里无所适从，临了司思说，"你怎么什么都不会，搂着我肩总会了吧，看你呆成这样，以后给我当宠物算了"——于是无趣地放下手机。

"一定要给旅行加个意义的话，我宁愿是康桥或者湖畔的金柳，又关那个见鬼的游戏什么事。"他一直是个善于加重负面情绪的人，最沮丧的时候，连话也不会说，只想沉默。但沉默对他来说就是消亡，所以应当混进积极的愉快的人群里，直到他们把他驱赶出那个不应混入的群体。剑桥明媚的闷热的上午，所有人都在教科书一般的著名景点疯狂留念，没有人陪他在半明半暗的角落拍摄那些古老的石砌墙壁。

后来开始下雨。那雨真是可怕，像倾斜飞降的匕首。

他宁可那些匕首当时就把他刺死，因为不再期待发生任何美好的事情。

不洗澡了就这样睡吧。

他摸索到手边的睡衣，粗暴地抖开却闻到一阵似曾相识的味道，像茉莉和绿茶混合，忽然想起了昨夜的枕边人。于是不自觉地想到她陪自己聊天的那一晚，她温暖的台灯，她肆无忌惮的笑，还有隔天早上她煮的面。在 Brick Lane 淘旧货的时候，她抚摸着不知名的炭笔画和法国淑女鞋，自己在一旁翻看着羊皮卷《圣经》，模模糊糊，他说不上自己是否是在留恋这种感觉，只是想起来很舒服。

他闻着睡衣上的味道。

十几个小时之前他起床的时候她还在熟睡，他帮她准备早点，看见了自己留在她脖子上的淡紫色吻痕，小小一个，和她倒也相配。

阿关皱了皱眉头，露出了一天以来的第一个笑容。

六

1

万圣节的夜晚，传说中，孤魂野鬼游荡，我抬头看见了裸体的女巫骑着扫把在夜空中飞翔，彼时月光无邪，人世皎洁。零点的钟声敲响过后的第 16 分钟，伦敦的空气中有人在哭，有人在笑，有人划着火柴冻死在无人知晓的街角，有人劈开大腿唱着世界上最纯情的歌谣。

然而那一分钟，我在对着宿舍的镜子抚摸脖子上突兀的吻痕，司思却在从 pub 的厕所回来的途中又一次遇到了夏至。

2

万圣节的中文名字叫万圣节，它的英文名字叫 Wan～Sheng～ Jie～。活跃一下现场气氛而已，我会在被读者暴打之前屈服的。

Halloween 是一个美好的节日，而在这个美好的节日到来之前，伦敦的天气也发生了令人欣喜的变化，之所以欣喜是因为它让我想起了大学澡堂喷头里喷出的水，忽冷忽热——忽十分冷，忽十分热。宿舍里点击率最高的英文单词变成了 party。标准的英式英语发音，听了令人容光焕发，内分泌都恢复正常。

大学时作为天之骄子的很多女生就总在关心 club 或者 pub 里认识的男人究竟是在爱她们的肉体还是精神，司思却觉得这话题真是有够大妈，被逼迫回答，她总是艰难地说，我觉得，管他什么肉体精神，在一起开心就好呀。这句总结在不同时间不同地点不同人的心里，产生了不同级别的震感。但不知为什么，她们一律众志成城，万众一心地对她说，你不行，你还没长大。

司思却茫然不知是指她的肉体还是精神。

作为标准的 party animal，司思的万圣节 party 离谱的剧情足以让她的肉体和精神双重崩溃。

具体过程是这样的，司思打扮成一只斑马和朋友一起去狂欢，由于没有人提前预定，为了找到他们说的那家牛逼酒吧，她穿着从来没穿过的高跟靴子，晕船一样地走了不知多少条街，最终换来如下对话——

司思：Can we coming ?

门卫：No!

3

在被酒吧拒之门外后，司思穿着斑马的服装满脸囧态地走进一个茶餐厅吃馄饨面，当然陪同她吃面的还有吸血鬼、牛仔、蝙蝠侠诸如此类。

窘迫的气氛中有人突发灵感地想起了另一个去处，于是带着大家走进了一个 cafe，很多打扮酷似丐帮九袋长老的男女勾肩搭背地走在他们前后。Cafe 有个后门，从后门出去之后司思觉得自己已经完全迷失了方向，眼冒金星地跟着来到一个曲里拐弯的地下通道，通道两侧的墙早已掉土，曾被人拼命涂鸦，看起来像柏林墙。司思的眼神变得犀利起来，指着一个被画得乱七八糟的裸女说，到了吧?!

大家把裸女全身上下无一渗漏地研究后终于找到了几个凌乱的英文——PUB STATION。

4

斑马司思对那个 pub 印象深刻，它有一个十分动人的名字——Forgotten。这个名字跟它本身一样弥漫着陈旧的质感，如同那一晚窄小的舞台，黑暗的空间，拎着啤酒癫狂叫喊的人群，还有墙根儿蹲着的一排明明灭灭的香烟。

夏至从那一排香烟里站起来往厕所走，碰见了一个熟人，伴着一声吓得人肝胆俱裂的尖叫，两人开始使用手语。正好挡住了司思的路。司思傻愣愣地站在那里，直到他们终于开始说人话。

嘿，你也来玩?

Long time no see。

那是，呵呵。

你头发怎么长这么长啦，你妈不管你呀。

也就一般，我妈习惯了。

那人伸手扯了扯夏至的头发，他边说着“干嘛你”边咧嘴笑，向后一闪，撞到了司思。

Sorry，他笑着冲司思弯腰摆了摆手。

正在这时候有人喊，买单的跑哪去了，Vincent！夏至直着脖子吼，叫你妈魂儿呢！远处又不断有人闪出来喊他，他冲司思歉意地干笑两声跑了。司美眉这才回过神来，不顾脚下的疼痛，迈着碎步，一路小跑追上前去，一把拉住了他。

喂，不认识了吗?

夏至回头，看她看了一会儿，说出的话犹如摧心掌一般震得司美眉的胸腔里碎片飞舞。

他说，我们……见过吗?

5

在微博上看到一个自己素来景仰的学长贴出的 Addict 的图，注意，既不是 impossible is nothing 的 Adidas，也不是一切皆可改变的 Adivon。没错，Addict 是英国的街牌，T 恤牛逼到让人热血沸腾，可是我似乎没有在伦敦找到，曾经走遍整个 Oxford Street 仍旧失望，我对于一样事物没有追随到底的热情，不久就将它忘却。或许伦敦是个小城市，下次还是得去趟英国首都。

在厨房聊天的时候夏至曾经说过他很喜欢 addict 这个单词，翻译为沉迷、上瘾。究竟怎样的事物让人上瘾？

“唯有在你不了解它的时候。”夏至说，“任何种类的关系在你对它全面了解的时候也就预示了它的消亡。”——我非常赞同他的这个观点，这使我想起初中时候的一天夜里，我看见一个烟头闪着红光被弹进我家旁边煤气站高高的墙里，它划出一个缓慢的弧线。那天我穿着白衣蓝裙的校服，定定地看着它，手里拎着刚买的四个馒头。我觉得我在期待什么，后来就忘记了。但这貌似年代久远，因为我家旁边的煤气站很早就拆掉了，它和那年夏天常走的路，和路的尽头毛茸茸的太阳一起成为过去。

但我却始终忘记不了烟头飞进高墙那一瞬间的画面，每次想起就莫名其妙地沉溺其中。后来我明白了那是一种期待，我在期待那个烟头引发的爆炸事件，在爆炸即将发生却没有发生的时候，我的每个毛孔都因为“期待发生”和“惧怕发生”这两件事而充满快感。

“后来，我每次在对一种未知的结局发生期待的时候，就会听见打雷的声音。”我对夏至说，满脸认真的表情，“我知道那其实是爆炸的声响。”

6

阿关从剑桥回来后的若干天里，又一次音信全无。我与他之间像是订立了不成文的规则，无论彼此的关系怎样振聋发聩地变化，相互似乎从来没有问题要问对方。而他却常常在网上和我聊到很晚，最常见的开场，是直白地对我讲一件当天发生的超越他价值尺度的事，言辞激愤，怒发冲冠。我笑着调侃他，他与我谩骂一番，心情指数会随之有所回升。

我还是会持续听到他和司思之间传出的各种绯闻，有时他会自己对我说，他们约了要去海德公园此类这般，而我仍旧出乎他意料地毫无反应。只在每天洗脸的时候，望着脖子右侧日渐变淡的吻痕，我会对这种灵异的关系继续往后的发展稍作猜测。

又一个周末到来，阳光耀眼的上午，我戴着阿关的帽子，穿越整个 Camdon Town 的街道和他一起去买避孕套。

这世界上有些事永远是那么奇怪。例如，当你自己心虚的时候，看街道上的所有人，便觉得他们各个心怀鬼胎。

我看见拿着胶片机拍照的欧洲帅哥，和聒噪的同伴勾肩搭背。看见摆着一排排墨镜的摊子，和琳琅满目的墨镜背后，心思难测的店主。看见旧货店门口的塑胶模特穿着色泽艳丽的旧衣，望着旁边炸鸡店油腻的招牌。看见默不作声的男孩站在路边，张开巨大的剪刀，制造一个个扭动的巨型肥皂泡。看见肥皂泡飘飞着，飞向人头攒动的另一个集市，消失在云絮斑驳的天空。

记得初次看见这些的时候，我的心里充满对陌生的新奇。而那个上午，我的惊慌失措，我的不安，让这一切在喷涌的阳光下，像电影镜头一样在眼前盲目虚晃地游移。

7

惊慌失措的小青赋诗一首——《我们的座位》：

我们的座位

是红色双层24路巴士的二层第一排

在2009年的11月6号

药店好心的大叔告诉我们一个 Hampstead Heath 的医院

坐24路到终点

穷鬼们就能免费拿到套套

这令人动容的意外收获

章鱼保罗也预测不到

于是我们在我们的座位上生了根 发了芽 开了花

看着窗外车站顶上的涂鸦

觉得红色双层车

真是比黄色潜水艇还伟大

路边的篮球场和阳光下的玩滑梯的孩子

不知是否有人曾看见我们

在猎猎作响的风声中

相互谩骂着那些记不得的傻话

或者说着似乎没有意义的布拉布拉布拉

8

那次在 pub 里夏至没有认出眼前的斑马就是曾经有过一面之缘的二房东。斑马气得直跳，说你再看清楚啊，是老子。夏至这才一拍脑门大呼 sorry。

原来是房东美女啊，几天不见你怎么又变漂亮了，你看我这心跳一加速，就没敢认。你稍等哈，待会过来找你！

夏至边向后退边喊着“等我，就一会儿”，再度消失。

一个小时过去了，又一个小时过去了，司思在黑暗中边跳边等，直等到花儿凋谢，少女的鬓边青丝变白雪。正欲发作，忽然背后有人凑到她耳边吹气。

找你半天了，斑马。

斑马赌气不回头，自顾自地跳舞。夏至就绕到前面来陪她跳。夏至舞跳得极帅，加之海拔令人景仰，周围的几个英国妞立时都扭头向他送来一捆捆秋天的菠菜。

他边跳边对着司思的耳朵大声问，生气了?!

司思比了个中指做不满状，罚你请我喝酒！

夏至就咧嘴笑，你房子租出去了?

司思点点头。

那你都没跟我商量就把房子租出去了，我也生气了。你请我吧！

说完搂着司思的腰，司思配合地和他跳了起来，两人有说有笑，司思像一匹欢脱的小斑马，每个细胞都鼓胀着。斑马司思边跳边凑过去埋怨夏至，你连名字都没告诉我，我干吗要把房子租给你啊！

Vincent 啊！

假洋鬼子！你让梵·高情何以堪啊！

我是梵·高他哥，认识了我，你就忘了梵·高，让丫远去吧！

去死吧，你是梵·高他大爷，你叫梵（烦）人！

夏至哈哈大笑，学着司思的口气说，去死吧，干吗这么想知道人家叫什么，我可以理解成，你这是在跟我搭讪吗？

哼，爱说不说！不稀罕听！

夏至就俯下身在她的耳边说，傻妞，我叫夏至。

夏至日生的吗？

没错，太阳直射北回归线。你呢，你中文名叫什么？

我不告诉你。

忽然司思一起来的几个朋友从远处聚拢过来拉着她就要走。司美眉一下就急了，说我还不想走啊，朋友说你不走可没车送你啊一会儿，司思无语凝咽，急忙回头寻找那个夏至日出生的混蛋，却发现他离自己很近地望着自己。

你是不是要走了？

司思点头说，啊那个，我叫司……话音未落，夏至忽然抱住她，深深地吻下去。

不知是不是因为酒精的作用，司思觉得自己整个人像踩在一团棉花上，飘飘忽忽地旋转无休。

你不是斑马吗，这么着急走，怎么像灰姑娘一样，也不把你的水晶鞋留给我一只。

9

就这样
我被你从人群中一把拉住
可是你看
你看我的粗布衣衫

我惊慌失措
像只匆忙落跑的候鸟
原谅我的丢三落四
我弄丢了东西
哭肿双眼都找不到它
我的心跳

它被你偷走了
我的骑士
你
王子拿着我的水晶鞋
你却高傲地站在街角

就这样
我被你从人群中一把拉住

认错人了

你笑笑

你只是我上辈子的情人

真巧

——《辛德瑞拉》

刚刚走出那个叫 Forgotten 的 pub，司思就被迎面而来的一群挥舞着烟火的人撞到了。几个扛着镰刀，嘴角涂成鲜红的英国男生边跑边冲她友善地道歉，Sorry，zebra，you're so cute!

传说中，斑马是一种很囧的动物，因为她在恋爱的时候，会分不清自己身上到底是白底黑道，还是黑底白道。

10

对于司思来说，万圣节最大的收获，就是要到了夏至的电话。

两周后的一天，她借口来 Hawkridge 找同学玩，实则是想跟同学打听夏至的住处。岂知世事难料，住处没有找到，却成就了一番狗血。

狗血事件的起因其实颇为简洁，晚饭后我接到楼下同学的电话，说叫我去打牌，牌局里面也包括了曾和我有一面之缘的司思。地主斗到一半，司思突然又提议玩万恶的大冒险，抽到王的人要给阿关打电话表白。结果一通乱抽下来，王被司思自己抽到了。她就在众人的怂恿下打了一个表白电话。

电话那头的人在意外和震惊之余并未拒绝，欣然邀请她第二天前往共进晚餐。回宿舍后，我运功强行压住丹田之气，发短信给司思。

很喜欢你指甲油的颜色。

她随即回复我，来我家涂啊！

我便立即拿起一瓶JD夺门而出。

女生的友谊有的时候是很奇怪的东西。我此番去找司思，原本是为了给我和阿关那个相互取暖的夜晚画上一个句号。打定主意，第二天早上起床，就把我和他之间发生的所有事，都当做一个在伦敦略带伤感的插曲，缄口不提。谁知事实情况却完全是另外一番光景。我和司思聊到半夜三点，笑到人仰马翻，我把本来想说的话抛到了九霄云外，却没头没脑地确认了另外两件事——

1. 这个叫司思的女人是我不可多得的无敌损友＋soulmate。

2. 我的 soulmate 对我说，她找到了她的 soulmate，这个人居然就是每天穿着秋裤在我面前晃来晃去的4号房男生夏至。

哦买噶，人类已经无法阻止这个疯狂的世界了吗？

“我和安藤没什么话说啊，他明天不是叫我去吃饭吗，要不然……”，司思躺在床上歪着脑袋对我说，“我们两个一起去吧。”

11

很久之后阿关告诉我，那是他此生吃的最漫长的一顿饭。当他从宿舍楼上下来，看见我和司思并排站在一起等他的画面，他顿时知道了魔鬼头上的角长成什么模样。

传说耶稣遇难前和自己的十三位门徒们共进晚餐。参加晚餐的第十三个人是耶稣的弟子犹大，他把耶稣出卖给犹太教当局，致使耶稣受尽折磨。晚餐的日期恰逢 13 日。从此，13 被认为是不幸的象征。

那是 2009 年的 11 月 13 号。似乎一切冥冥中早有注定，无数个星期之后，我们一起坐上回国的航班，看着逐渐远去的希斯罗机场，我发现机票上的日期是整整一年后的同一天。

12

那天在尴尬而又各怀心事的晚饭之后，我回了宿舍，却接到了阿关的电话。

他说，你到了么？

我说到了。

他说，我有话想对你说。

嗯，那你等我。

我挂了电话立即下楼向阿关的宿舍跑了回去。

他住在靠近 Camden Road 的 Max Rayne House，距离我的宿舍匀速步行大约 15 分钟。

经过接二连三的桥洞，我又一次跑过了那条总是走错的路。路边是一栋栋小房子和房子门前的花园。

跑到半路的时候，天空开始飘起了细密的小雨。

我闻到深秋花园里冷冷的枝叶清香，然后就看到远处的路灯下，阿关靠着墙，站在那里。

雨大了起来。

13

宿舍楼下的屋檐下，湿冷的灯光扑朔迷离，我和阿关手脚冰凉，思绪凌乱，望着雨水抽烟。做着同样的事，想着不同的人。

冷空气中的尼古丁，他呼出，我吸入。

最后还是我先开了口。

其实你不需要解释，你给我讲过 E 和你分手之后你的心态，虽然我不能完全理解，但是我尊重你对待感情的态度，所以你也看见我从来没有问过你一个多余的问题不是么？

阿关才终于说话了，“我大四的时候，恋爱三年的女朋友经常和我吵架，虽然我对她已经变成习惯，但是我觉得我是要对她负责的——我当时是计划要娶她的。她离开我的时候，我一个人在码头上看着那些船第一次抽烟，有天在家不知道吃了什么，坐在桌前就觉得呼吸困难，脑袋发胀，我一度以为自己要死在家里了，却也没有挣扎着去打 120。我当时很惊讶自己居然可以这么无意识，这么懒惰地感受自己的痛苦。

“那是因为即使她和我分手之后，我觉得我还是能够爱上一个人的。为了证明这件事，我在大学的最后几个月，很努力追求 E。同时计划着于我而言或许可算宏伟的旅行。重庆、凤凰、南京、北京、苏州、杭州，以及最后还是没去的西塘。

“我发现那些我想要做的事情，想要证明的事情，想要忽略的事情，在飞速的奔跑中也不再那么可怕——我成功了，她和我在一起了。一切变成了充满希望的新的开始。所以她去东京的时候我放弃我所有的畏惧与犹豫，开始计划未来。

“她和我分手这件事，看起来是蛮简单，但那一瞬间，我之前做的一切都变得没意义了，变得很可笑，都是 bull shit！我终于变回了一个完完全全的 loser，连两好三坏的九局下半都算不上，连回旋的余地都没有。”

他把烟头扔在地上，说，所以我现在真的觉得我没有办法再爱一个人。

我望着远处摇摆的树木，面颊潮湿，沾满雨水。满地的黄叶，似乎是从同一棵树上坠落一般，发出齐整的、湿漉漉的声响。

我在想，为什么同样是美好的期许被现实打败，就可以成为你多打几炮的借口。那我的爱情呢，时间倒退回 8 年前，7 年，抑或 6 年。抽完最后一根烟，我那一封封温情的信笺，寄出去还是撕烂它？

我停顿许久对他说，时间没有可逆性，我今天能回来陪你抽这几根烟，就说明我无所谓你做什么，那是你的事。

“可是我怕会伤害你。”阿关抢白道，“那天在去剑桥的路上，我想起你熟睡的样子，忽然特别地难过。还有我床头的那张海报，我看见了你在上面写的字。那天你走了以后，我的睡衣上都是你的味道……我知道我自己变了，以前认为重要的东西变得微不足道，所有真诚的想法变得莫名其妙。把你强行拉进我这样混乱不堪的人生观，可能是对你不公平。

“但我就是很难过。我只要想到你就会很难过，我不知道为什么。”

我掐灭烟头望着他说，阿关你听着，我来伦敦的目的不是为了你，你来伦敦的目的也不是为了我。所以如果你和我在一起开心，是怎样的关系我无所谓，男人和女人的关系不一定要有爱情，我并没有要你爱我。

阿关扭头望着我，轻声说，我和你在一起很开心，真的，你留我在宿舍聊天那一晚是我在伦敦最开心的一晚。

我停了停，不屑地接话道，请问是因为穿了S码的睡裤产生了某个部位变大的错觉么？

阿关忽然拉着我的手转身就走，没有回答我的问题。

七

1

我寄回国内的信——

亲爱的那谁谁：

告诉你一个噩耗，我不仅没能成功地戒掉 cheese 蛋糕，还染上了吃消化饼的恶习，上面有巧克力的那种，伦敦超市里凡是有能见度的都要买一遍，就像当年我痴痴地望着你说我要吃遍天下砂锅的时候那样激情澎湃。

此刻我很难过，因为 Chrismas 就要令人不安地来到了，大街小巷张灯结彩，同学们的心里像吃了蜜一样甜……我的生活充满了各种各样让你头上长角的小惊喜，比如我看见了活的麋鹿。这让我想起多年前你送我的麦当劳玩具，一个很坏的男生边吃着我妈削的苹果，边剪掉了它的刘海。那天我哭得很伤心，你说没事以后还会有更好的玩具，我总是对你的话确信不疑，你穿着写了大大的S的紧身衣服在我心里飞来飞去，可是没有你的时候，我却不知该如何把持，我自己的软弱。

昨天半夜我听见了打雷的声音，于是惊醒了，皎洁的月光从窗帘的缝隙里飘落到房间的地毯上，我迷茫地望着它，连同空气中弥漫着的，潮湿的洗发水的味道，带着绝望的凛冽的清香。风在房里寂静地穿梭，最后连风声都不在。

根本从来就没有打过雷。我幻听了还是我又在期待什么？

我在一个莫名其妙的雨夜和一个莫名其妙的人一起走了一条莫名其妙的路回宿舍。对了，他有一个莫名其妙的名字，叫阿关。是不是很有趣的名字？

我只记得我们经过了很多教科书一般的桥洞，铁轨，和一条条荒无人烟潮湿铺满落叶的道路——伦敦深秋半夜的空气冷得我羊癫疯都要发作了。酒精挥发着，我们开始比赛唱含有动物的歌曲打发路上的无聊和冷，当我唱到“鲁道夫是头小鹿，它有一个红鼻子”的时候突然意识到鲁道夫是一头麋鹿，然后弱弱地仰起脸问，我们会不会迷路。突然，我们就灵异地遇见了一个半夜在橘红色路灯光下遛狗的英国大叔，他字正腔圆地指引我们前行，而我却没忘记在前行之前偷偷看了看他和他的狗狗有没有影子。

没有!!!

嘿嘿,骗你的。

那天我在寂静无人的夜路上发出了一声让人肝胆俱裂的尖叫,因为那个叫阿关的人指着路上的人行标志说,这里死过一个人。于是,我爆炸了,惊动了方圆几百米之内睡梦中的活人。

清醒之后我可能再也找不到那条路,它消失得如同那晚的忧伤与寂寞。

独自在窗口照下窗外各种各样的天空,晴天的,雨天的,清晨的,傍晚的,我喜欢傍晚的风吹过我头发的时刻,让人想起麦子成熟之前有风掠过麦田的炎热午后,麦穗微微摇摆。照完那些天空我会用手指轻轻在窗框上写字,矫情一点说,我想记住那些想念谁的时刻,可我却始终迷茫,默默思考,是不知道该想谁,还是没谁能去想。

可悲的是,这二者似乎并无区别。

亲爱的,亲爱的,亲爱的谁,we are fine, we are nice, we are niubilities coz, Chrismas is coming。

打起精神哦,周末又＊＊＊过完了。

With Love

4ever Urs 小青

2

临近圣诞节的时候，伦敦开始了令人欲仙欲死的潮湿冬季。宿舍有热烘烘的暖气，房间不大，却有温暖的灯光。和 flat mate 在厨房一起煮东西吃，和好朋友一起围着暖气聊天，窝在椅子上一起吃冰激凌看电视剧，享受冬季动物囤积脂肪的美好感觉。

日子很简朴，我和阿关却有属于我们的简单快乐。

每个周末他会想办法带我出去玩。我跟着他徜徉在伦敦的大街小巷，有时是去卖奢侈品的街道看圣诞点灯仪式，有时去看超大圣诞树，有时去各种各样的圣诞集市，有时买了海报欢天喜地地贴回宿舍，更多的是去逛 Camden 的 market。

我常常被阿关叫去陪他吃旁边学校发放的免费午餐，我们是穷人。豆角胡萝卜和土豆煮在一起形成的离奇食物，色彩彪悍。我们坐在水泥大斜坡的顶端，周围鸟屎环绕，朋克妞们在不远处勾肩搭背。我只是看他吃。排队时候会有很多悠闲的外国小哥，用 blue tack 做成有趣的图案贴在粗糙的墙壁上。

那是我爱的午后时光，云雀在天空喳喳地飞过。

有一次阿关叫我去看街心公园里的小松鼠，我们并排坐在长椅上，阳光安详。一群鸟莫名地在周围的树上扎堆来回地飞，争先恐后，扑啦啦地令人心烦。

他说，你看，像不像我们学院的那些人。

我说，你就是那个不跟他们一起飞的鸟，你看，你是那边那只。

他说，那我牛逼吗？

我轻轻地靠在他身上，低头看着鞋上没化的雪和泥土。想起有一天夜里，看了电影《大象》之后，他迟迟不睡，跳起来要和我讨论，影片里的 Eric 和 Alex 为什么会做出枪击校园的事情。

“其实有时候你不得不承认，无论付出什么样的代价，清理一下这个社会都是件值得去做的事啊。”他说这些的时候亢奋得就像自己是个奥特曼。“当年我们在食堂吃饭，有位愤青挥舞着筷子发表演讲，说，这不是我们的问题，这是这个社会的问题。”

我笑他迂腐，还边笑边比划着说，那你以后就当个好律师，把所有的坏人都抓起来打死他们。

那也不是我说了算吧！还不是要去抱法官的大腿。

这么惨……那你看这么多这么厚的法律书有什么用，我看你干脆别当律师了，学法律未必要当律师嘛。

那我当什么？

当法师啊。

阿关无奈地从我挖的陷阱里爬出来，看着我笑得像个奸计得逞的小女孩，说，哼！总有一天我会打赢所有的官司的！

我停下笑问他，怎么敢这么保证？

他说，我就在上诉材料上写“判我败诉者，全家死光光”，哪个法官还他妈的敢判我败诉！

我顿时又笑得上气不接下气，人仰马翻。

3

“我们已经过了动手打架的年龄，为了维持表面的和平，有的话要往肚子里吞，有的气要往墙上撒。可是，当你捶肿了拳头，双眼却仍然浑浊。并不是所有虚伪的人都能看得清他自己。”

我靠在他身上，仿佛自己靠着的真的是令我为之自豪的伟大律师，对我说着“判我败诉者，全家死光光”的傻瓜阿关。有半片树叶的影子在他手指间摇晃。某一个瞬间，我似乎希望着什么，却又不记得了。

4

伦敦的冬季天黑得很早，离开学校的时候往往要和刺骨的寒冷并肩而行。我喜欢和阿关打各种无聊的赌，赌注单一，永远是一杯 hot chocolate。学校的 hot chocolate 倒在小而普通的纸杯里，只要一磅。偶尔阿关会给我买加了棉花糖的 Costa，我便会兴奋一整晚。圣诞假期前的那段时间，只要是一起回家的夜晚，就会去 Blumsbury 小卖部买一杯，然后两人捧在手里，一人一口地喝着走回宿舍。灯影绰绰，Camden 倦怠的人群在幽暗的天色下或快或慢地赶路。

有时会有细小的雨水飘落在脸上，阿关和我靠手中的纸杯散发的小小温暖，驱散着人生道路上的严寒。

5

好像该说说我了。

我是一个怎样的人呢？这个问题拿去问老年维特根斯坦，他也会依旧烦恼。

我曾梦想成为一个狂喊着 punk over China 的顽固分子，可我抵触舌钉，因为每当想象它们与勺子摩擦碰撞我就会汗毛倒竖。我厌恶小清新，可我喜欢筱田升的光线和欧洲的独立电影。我喜欢吉他的声音，却讨厌吉他的样子，我喜欢贝司，只是因为喜欢看到它在舞台上被砸烂。我有着无耻的小资产阶级情调，认为手风琴就一定要搭配巴黎或者莫斯科，就像阳光就必须要搭配阁楼或者晾晒的床单。我是一个不分场合的幻想狂，时常期盼约翰列侬爬进我的窗口和我一起没羞没臊地野掉最后的青春，村上春树在午时三刻出现在我家带我去面包店夜袭打发沉闷的时光。我是一个疯子，假扮死尸从衣柜里滚出来吓唬男朋友。我是一个欢脱的萌物，过足两天的平淡无奇，就会把自己蒙进被子装作未出娘胎。

你是一个小妖精，阿关望着我说，你谁都不爱，甚至自己。

浮夸，怯懦，锋芒毕露，匪夷所思，感情用事。我不会放纵，也不会隐忍，我不懂快乐，也不懂孤独，我做不到真实，也没学会虚伪——但他还是错了。

因为，如果我爱上一个人，我会变成一朵雏菊。

是的，一朵被下了咒语的雏菊，独自在野地里，凝视着自己漫无边际的绝望。

6

我是小青。水瓶座。

与阿关的“黄金时代”不同，来到伦敦之前，我一直在国内的一所名牌大学里过着苟延残喘的生活，并且毕业于该大学的附中。初中高中我们经常跑去大学部串门，一年一次的运动会也是在大学操场举行。这所导致的直接后果就是我在上了大学后的若干月里都不觉得自己已经上了大学了，总觉得是来串门。有的时候早上睡醒恍然间不知道自己身处何处，看见粘满静电的头发贴在脸上，我只能呆呆地坐在那里，大脑像一片未被开垦的处女地。

我在大学里最早发现的事，就是无论我怎样努力也和我们学校的气场背道而驰。并且有铺天盖地的传言，说我因为思想品质极为恶劣，伤害了很多人之后仍旧不思悔改，在败类的道路上走的十分惬意。这种出处不明，却言之凿凿的说辞一直伴随着我，而说我“伤害他们”的受害人却被风吹走散落在天涯了。于是我开始了一种，从宿舍走到教室，看到教室里坐满了无法交流的异域生物，就再走回宿舍的生活。长久地发呆无事可做等待吃饭，然而发呆往往会使时间过得十分缓慢，让人处在两顿饭之间心急如焚。

这样所谓天之骄子的生活就像中世纪画家笔下的裸女，有人为那光辉圣洁的肉体和那温暖诱人的色彩大放厥词，我只认为那是一堆懒肉而已。

我便因此爱上了阅读。在图书馆的文艺类阅读室找个角落一坐就是一下午。哦对了还有摇滚。其实我一点也不摇滚，我只是和校外的乐队厮混在一起，看他们排练，从排练室堆满一地的杂志里找寻有关摇滚的只言片语，一首接一首地听歌。经常半夜醉醺醺地回到学校随便拉个人就问，欸这楼里有女厕所吗？我眼中的大学，遍地都是道貌岸然的龌龊小人。但我欣然接受了他们赠与我的所有污蔑之辞，并祝愿他们滚回他们的法克鱿星球过好他们光辉璀璨的人生，我所在意的东西不来源于那里。

当时我和男朋友还没有分手，他在南半球不同季节的另一个国家与我一起坚定着叫做爱情的东西。每晚在接到他越洋电话的时候，我都会流着眼泪对他说，我好想你，我只爱你。

7

我只爱你。

我看着屏幕上休·格兰特对茱莉亚·罗伯茨的表白，用勺子大口大口地挖着冰淇淋送进嘴里。阿关从厨房回来，手里端着披萨，看见我，把盘子重重地放下说，你怎么又吃饭前吃这么多冰淇淋，说了你也不听。

“我本来只想吃一口，一吃就停不住了。”

他走到镜子前面烧水，挑挑拣拣地收拾房间，皱着眉头不理我。

阿关，你不理我了啊。

……

真不理我了啊。

……

那你不理我之前,得先让我亲你一口。

我说着凑上去,环抱着他的脖子嬉皮笑脸。

凭什么?! 他满脸狐疑,又有些无可奈何。

不凭什么,就凭你说我找到男朋友之前要一直照顾我,不许说话不算数。

我继续着和阿关亲密无间却无厘头的关系。每周末相见,一起去 Sainsbury 超市买菜,买零食和 cheese cake,或是午夜一起跑到 Tesco 买打折品客、果汁和饼干。Max Rayne House 大门外寒气扑鼻,两人穿着棉衣,边呵出白雾边互相取暖,像对默契多年的爱人。

然而回到宿舍里,我的孩童天性却会在他面前暴露无疑。

提议跟他玩各种无聊游戏——比赛谁穿衣服快,输的人洗碗;比赛谁脱衣服快,输的人洗碗;比赛唱周杰伦的歌,输的人洗碗;比赛玩泡泡龙,输的人洗碗;比赛玩 PS,输的人洗碗;比赛玩拳皇,输的人洗碗;比赛打扑克,输的人洗碗……阿关输了会骂骂咧咧地边走边说,你哪里是要和我玩游戏,你是得了"看不到我洗碗会死"病。可我输了却会拒绝认罚,他拖我去厨房,我就会在屋里大声尖叫。他急忙冲过来捂住我的嘴,"你这个呆瓜,让隔壁听到",我就会笑到满床打滚。

偶尔在阿关有课的早上,我钻进他的怀里不愿离开,就会感觉到他又向我竖起了旗帜。阿关说,终于知道古代那些皇帝为什么不上朝了，抱着你这样的，谁还要上朝，还怎么上朝。我说，哼，昏君，我和你就是除了肉体和谐，什么都不和谐！

阿关说我是他的第 20 个姘头，是他最小最微不足道的情人。可我从来没见过我的 19 个姐姐，也不记得具体为什么是第 20 个这么精确，总之他叫我，小 20。

你在毕业之前有改变一下现状的计划吗？

有。

你准备把名次提升到几？

19。

这么有追求……有上进心是很好，不过还是有一定难度。

有什么难度，我从来没见过你那 19 个女人理你。

你大爷……

他似乎沉默履行着照顾我的诺言，帮我留意学校的通知，催我填表，用卷发棒帮我卷头发，有次我半夜抽筋腿僵直把自己疼醒了，他却说了梦话："让你不要喝果汁喝牛奶，就是不听，现在好了，缺钙了。"我险些笑出内伤。

阿关周三和周四上课很忙，我却总是编造各种借口跑去找他，例如在自己宿舍做设计不能专心，有果汁忘在他那里没有喝怕他喝完，视频剪辑软件不会用没法做视频……花样繁多，推陈出新。这些借口生效之后，我会雀跃地跑出宿舍，在夜晚的风里独自倚靠在路边的车站听歌，直到 24 路的车灯照亮我稚气的脸。

我们系的第二次 presentation 到来之前，我终于真的忘记了剪辑视频，慌慌张张地打电话给他，他却说，“你又鬼扯，不要想骗我。”我哭着说是真的呀。

那晚他将我一阵痛骂，之后烦躁地做了总结陈词，“你快睡吧，你明天还要早起，我帮你剪。”

天快亮的时候我恍惚中感到有人在亲吻我的额头。迷迷糊糊地睁眼，发现阿关在看着我打哈欠。

小呆瓜，我做了一晚上总算帮你剪辑完了，你真是全世界最麻烦的女人。

我口齿不清地说，说好的照顾我，又嫌我麻烦，你要遗弃我么？

遗弃你，你会变成 Oliver 吗？

那是什么？

雾都孤儿啊。

阿关不要我，我就是呗。你会不要我么？

遗弃你！让你爱死不死！

嗯……嘟嘴。阿关果然对我一点精神之爱都没有！

那你呢，你对阿关呢？

我说过了啊，我对阿关就是除了肉体和谐，什么都不和谐。

8

为了证明这句话，我常常洗完澡穿着睡裙蹲在他床上做忧愁苦恼状，等他走近来看我，就扑地一下跳起来骑在他腰上死死抱着他。

快下来，快下来，腰要断掉！

说，你对我有没有精神之爱！

你发疯了，快下来！

快说，你对我到底是不是只有肉体！

你这个疯子，再不下来我咯吱你了！腰真的会断掉！

哼，你的老腰太不结实了！你肾亏！

肾亏患者阿关把我重重地扔在床上，看我气鼓鼓地坐在那里，他便又过来逗我。我扭过脸去不看他。

小呆瓜翅膀长硬了，学会假装生气了。

“哼，”我回过头，满脸邪恶地看着他，“我想好了，咱们将来分头结婚，或者你结婚了我不结。这样我可以装成无家可归的乞丐，蹲在你家门口啃一个干饼。

“有一天，你母性爆棚的老婆一定会看着我说，哟，这是个可怜的孩子是谁家的，快进屋里暖和暖和。我就可以趁机躲进你家厕所，等你半夜尿急的时候出来勾引你。你一定把持不住，当即再次把我变成你见不得光的小情人。”

不会，我半夜从来不尿急。

那我就在你睡前骗你喝好多水。

那我老婆是傻子啊，你在厕所强奸我她都听不见。

是你强奸我！

你强奸我。

你强奸我。

……

9

四点半，阿关帮我剪辑完视频之后昏沉入睡。

我醒来的时候伸手去拿窗帘背后的果汁，窗户的缝隙微微透进屋外的冷风。拉开窗帘的一瞬我看见淡至若无的阳光照射在庭院里的树冠上，挣扎着爬进宿舍的一角。阿关熟睡在窗边，一半脸上是薄薄的一层光线，鼻翼上面有个影子在轻轻跳动。我想那是他睫毛的影子，他在睡梦中眨眼，影子又跳了一下。

离开宿舍的时候我回头看了一眼昏暗中凌乱的桌椅和海报，轻声带上房门，把潮湿的浴巾味道关在了温暖的房里。宿舍楼外一片阴沉，整个世界都在等待一场大雪。

那天我坐在去往学校的红色双层车上给阿关发了一条短信——snowing——当时的太阳很诡异，我居然能睁大了眼睛看它，还不觉得刺眼。我就看着太阳出神，看着看着，一片雪花正好飘到我的窗口。

三个小时后我从教室走出来，忽然间眼前充满了灰蒙蒙的天地，漫天大雪呼啸而落。伦敦的街道，行人，变得游离，飘忽不定，汽车发出的声音如同水下。那个画面像被拍进了我的脑门一样令我长久地矗立，静默无语，意识渺小到跌入虚空，轻飘飘的像碎片一般随着大雪缓慢堆积起来，压住我的神经末梢。直到听到阿关的短信我才惊醒。

他说，Get a big Christmas tree.

10

某个周末的夜里 Max Rayne House 响起了火警，当时我正在埋头吃饭，阿关端着碗在挑选可看的电影。忽然刺耳的警报声大作，走廊里立即摔门声和脚步声此起彼伏，夹杂着各种语言的呼朋引伴。阿关起身探出头去，看见奥地利小伙子 Mat 趿拉着拖鞋经过，就问他是怎么回事。Mat 说，嘿，管他怎么回事，你想被烧死吗？话语中却没有半点事关生死的忧虑与惊慌，完全充满了一个无聊青年恰逢夜晚亢奋期，对突发事件和聚众围观的向往。

对于火警没什么可说，这是在宿舍司空见惯的事，隔三差五。我猜想又是哪位中国厨神炒菜的油烟引发的。而不同的是，我将和阿关一起走下楼去。

国外的中国留学生似乎不是一个"两耳不闻窗外事，一心只读圣贤书"的群体，事实上，有很多人不仅把耳朵伸到了自己的窗户外，进而伸到了别人的窗户里。这种事很常见，古代是王婆，现在则是阿关他们 Law Faculty 的诸多赴英学子。我一直以为"基于事实说话"是一个律师的职业操守，只可惜他们把这句话发扬光大为"高于事实说话"。阿关曾断言他们学院不是文革时期告密成疯的活标本，就是狗仔队设在伦敦的一个秘密据点——我对他的话深信不疑。

下去之前我就知道将会迎来各种各样猜测的眼神和微妙的笑容。下去之后我的预感很不幸得到了验证。蜂群一样的大片人海中，中国同学聚成零零落落的几簇。阿关走过去和Mat交谈，Mat指着我问他，嘿，你们两个是couple吗？阿关说不是，只是朋友。Mat说为什么不，我要是你就找她当女朋友。阿关问明缘故，笑了起来。

对于两个除了钱之外均无约束，并拥有黄金年龄的青年来说，“无休无止的站立和没话找话，并心知肚明自己正在成为别人的话题”这件事，无疑像一针“安定”打进我们的身体。是的，兴奋无处可寻，颓感遍地都是。在和各位认识的和不认识的朋友点头寒暄后，我俩迈着一点都不矫健的步伐火速离开了那里，来到宿舍庭院外面的墙下抽烟。

阿关说，你知道吗，Mat让我找你当女朋友。我说为什么？阿关说，他说你长得好看又会做饭，不泡可惜。我说，还是Mat有眼光，其实我知道你也不是不想泡我，是另有隐情。阿关疑惑地说，什么隐情？我说，你不是失去了爱一个人的能力了吗，你都没有能力了，还怎么泡我，所以也别勉强。

阿关立即伸出中指在我眼前，继而和我开始了习以为常的相互谩骂。

突然一辆双层巴士开过，我丢下手里的烟就朝着车开的方向跑去。

喂，你干吗？

我们坐车出去玩好不好？

去哪里啊?

反正现在宿舍也回不去,管它去哪我们随便坐到一个地方,玩一会儿再坐回来不就好了!走吧!

他便向我跑来。我欢呼雀跃,呜呼,阿关,说不定这车要去 Abbey Road,我们去 Beatles 的录音棚好吗!

好啊,去他们录音棚门口撒尿!

我的头发完全松散开在风中飞扬,我们奔跑着一前一后地蹦跳上了那辆双层巴士,快速爬上二层,一屁股在第一排坐下,把脚跷起来搭在窗口上,感到月光带着呼呼的啸声冲刷着我们的全身。

那是一辆不知开往何处的巴士,我甚至连它是几路车都没有记住。我只记得往下看的时候,两排稀疏的灯光迅速明亮了起来,伴随着马达的声响,颤动着消失在我们的身后。

11

我胆怯地望着你,在那个深夜的不知名的地方。

小呆瓜,为什么你这么胆小,我以后叫你呆呆好吗?你看,这路上除了黑,没什么好怕的。

可是阿关,远处更加黑。

其实远处有一只黑色的呆呆在等着你,和你长得一模一样,你不知道,还一直以为自己是世界上唯一一个呆瓜呢。

阿关好讨厌,哈哈。阿关,不知道这条路通向哪里。阿关,我们去看看吧。

还有 8 分钟车就要来了唔。

就去看一眼，我想知道拐弯以后是什么样，这路有多远。

12

呆呆真呆。路有多远，又怎么能看得见。

八

1

司思和夏至之间最荒唐也是最激烈的一次争吵发生在夏至回国的前一天。人声鼎沸、车水马龙的街道上，司思抓起他的手使劲抠下去。酒精让情绪亢奋，指甲立刻陷进他的手背。他一把甩开她，用了很大的劲，甩得她踉跄着退了一步。

他沉默着过马路，在她前面很远的地方，并且没有回头看她一眼。

灰暗的天气刮很大的风，歪七扭八的街道上几个肥胖的黑人横冲直撞。汽车刺耳地尖叫着像隔夜的汤圆一样黏连在浑浊的汤水里，司机把头从车窗里探出来谩骂。

司思喘着气，一直目送夏至过马路。确定他真的没有回头。

她决定用咄咄逼人的姿态朝他走过去，冲破眼前的混乱横在他面前。

干吗？

不干吗，你不许走。

你到底想怎样？东西还没收拾好，我没空陪你在这儿闹。

不许收拾。

那你呆着，我得回去。

……

他的眼神空洞，每当看见这样的眼神，她就会听到一种嘶嘶的声响，那是瞬间所有的自尊与快乐在手中蒸发的声音，而她却无力控制。

人群嘈杂着经过他们身边，有人疑惑地回头看了看泪流满面的她，这似乎是一场漫长的僵局，她觉得身体在逐渐变空，或许她整个人都是自尊与快乐组成的，当一切蒸发，她就变成了一团逐渐失水的空气。

她迟疑着抓住他的手，还是刚才那只手，指甲又一次陷进他的手背。

这如同一个放慢的镜头。夏至在来往的人群中冷漠地看着她，看见她长发凌乱脸色潮红，恶狠狠地与他对视，在相隔几厘米的距离中聆听彼此憎恶的呼吸声，不愿示弱。

2

司思说，她喜欢看见夏至憎恨的眼神。她想从他那里要来很多很多的感情，像电影里的吸血鬼家族后裔，只有他的感情能让她有片刻的安静。

“我想让他叫我小可怜，我会马上装作真的很可怜的样子并且莫名其妙地开始委屈；我喜欢他坐在沙发上，习惯性地说，过来宝贝，让我捏一下你的圆脸儿；喜欢他下了课边玩游戏边抱抱我。让我可以坐在他的腿上很认真地问，老公，你说我明天是去逛街还是去上课……可是他总是很吝啬地爱我，我不喜欢他把我隔绝在他的眼神之外，我要让他重视我，如果不，就要让他讨厌我。

讨厌一个人，也会因此而重视。

3

夏至愤怒地想要推开她，她却因为快意而浑身颤抖。

变态你！

你才变态。

她得意地瞪着他，大颗泪珠放大了苍白的太阳。

他背后的中国商店用劣质的扬声器重复地播放英文版的倾仓大甩卖，肥胖的女老板边嗑瓜子边饶有兴趣地远远看着纠缠在一起的他们。阻塞的汽车发出一阵阵刺耳的喇叭声，受惊的鸽子刹那间纷纷离去，把秋日阴霾的天空剪成了无数灰色的碎片……眼前的男人，熟悉的脸，他站在路边的北风和灰色喧嚣中的身影……这一切统统在她深邃的瞳仁里放大，凝固，直到留下烙印。

24个小时之后，这个男人登上回国的飞机，第三次离开了她。

4

你别哭啊，宝贝你怎么了。

2009 年的圣诞节，司思躺在夏至的床上，哭得惊天地泣鬼神。

那次 Halloween 的偶遇之后，夏至又一次石沉大海。电话不接，短信隔三天回一个，一律不置可否的温言软语，客气得就像是某个友邦邻国的领导人。司思严重感到心力交瘁，时常回味那些和他在一起的瞬间，他深情的眼神，想起这些她几乎要笃定相信夏至是喜欢她的。可夏至让她捉摸不透。她永远不知道他会在什么时刻出现，会在什么时刻消失，她反复思考着夏至对她说过的每句话，有时十足把握地认为，自己清楚哪句是真话，哪句是假话，五分钟后立即恼羞成怒地推翻，觉得自己之前的分析毫无逻辑可言。

女人本来就是逻辑失常的动物，司思想起我对她说过的话，“夏至最喜欢 addict 这个词，他说所有的关系只有在它充满未知的时候才是最美妙的”，想着想着，司思浑身战栗了一下，怅然若失。

司思觉得自己就快要 addict 了，为了夏至，她几乎变成了星座专家，凡是有类似双子座解密、双子座绝配星座之类的帖子，她通通点开看。因为夏至对她说了“水晶鞋”这三个字，她整个人返老还童，爱上了童话，有一天居然对我说要是真有魔镜就好了，她好去问问镜子夏至在想些什么。听得我气闷难当，险些倒地不起。

光棍节的时候终日沉迷在童话王国里的司思发表了日志《小美人鱼的光棍节》，看得我哭笑不得，特意敲了夏至的门，喊他来看他的杰作。夏至丈二和尚摸不着头脑问我什么杰作？我说，这个杰作的名字叫“一个三观正常的女人是如何变成失心疯的”。

5

光棍节是11月11日
因为1像一个光秃秃的棍子
真令人感动
千禧之夜过了这么久
我国还能惊现象形文字

光棍节的钟声敲响时
钟表里布谷鸟的叫声暂时消失
嘘
他有个跟他一样闷骚的小爱人
正躲在齿轮背后搔首弄姿

光棍节的钟声敲响时
我肚子饿了没东西吃
冰箱塞满别人的蔬菜水果和零食
可我的情人节巧克力

时间长了不保质

光棍节的钟声敲响时
小美人鱼也在云端看落日
她说不出她爱的人是谁
因为巫婆用美腿换走她的嗓子
你说她为什么不懂用写的
一定是可怜的姑娘没考托福和雅思

坐在伦敦的暖气边上
这个深秋不太冷
我才不要过光棍节
因为
我不能享受着资本主义的供暖
过着这个,我国传统节日
这借口
老师千万别摘掉我的小红花说我只懂爱情没大志

其实
我也跟小美人鱼一样说不出爱人的名字
一定是谁
是谁在梦里偷走了我那本来就不大的胆子

——《小美人鱼的光棍节》

6

这篇日志和司思的上一篇大作《我要吐槽我的小宿舍》一样达到了效果，只是上一篇反作用力度强悍，这一篇却做的是有用功。总之，在我“不经意间看到”，又“因为无聊”所以喊夏至来读，并教唆他要感动之后，该日志完成了它的使命——一天之后夏至给司思发了短信，约她去 Forgotten 喝酒。

不知是因为心跳太快导致的口干舌燥，还是攒气太久忽然发招有些收势困难，一向号称“酒井”的司美眉那天在 Forgotten 终于喝得七荤八素，终于彻底 forgotten 了。夏至扶着她去厕所山呼海啸地吐了三回，拍着她的脸问她家在哪里的时候，司思在他怀中已经彻底丧失了交流能力。夏至无奈地接受了这个小美人鱼变成醉鱼的事实，扛着司思打车回了宿舍。谁知司思走进夏至宿舍的瞬间，在一种神秘力量的驱使下，突然短暂地恢复了意识，夏至刚掏出钥匙转开了锁，背后的醉鱼突然一个醉鱼打挺，抬腿一脚踹在门上，并同时单手握拳高举过头顶，嗷地大叫一声“welcome home!!!!!!!”，随之咚地倒在了夏至的床上不省人事。

夏至的目光从头至尾坚定地停靠在司思振臂高呼的伟岸背影上，思维有些抽离，觉得似曾相识，却又想不起来。直到后来的某天看到 MV 里的纽约才幡然醒悟，发现爱上自己的原来是一个自由女神。

自由女神半夜又自由发了一次酒疯，翻身抱着夏至狂啃。夏至不甘受辱，奋起反抗，把她两手固定，整个人放平箍住。

过了一会儿，强奸未遂的司思才骂骂咧咧地睡去了。夏至防狼成功后长舒了一口气，看着月光下司思美丽的小脸，嘴还在一张一合地嘟嘟囔囔，不仅哑然失笑。骂了句 fuck off 也翻身睡了。

那天之后司思卧薪尝胆地戒酒，地球人都无法阻止她金盆洗手的决心，简直恨不得削发明志，断指以示忠贞。可令人难过的是，夏至又一次像幻影特工一般消失得无影无踪。

7

夏至其实并不是不喜欢司思。

他时常设想换作 17 岁的他刚刚踏上不列颠国土的时候，在他在图书馆翻看卢梭但丁黑格尔，低头的一瞬间有一个像司思这样的女孩走过，是不是一切就是另一番光景。

那时的他是一个在感情方面敏感的人，当然现在依旧是。这源于他对感情的不自信，他知道说这话会有很多人将疾风快雨的闪电拳脚砸向他，言之凿凿地列举那些曾经陪伴他，却消逝在时光里的女孩。他在想作为一个正常的雄性生物，对美好异性的向往是基于生物学上繁衍后代的本能，难道一切泡妞行为都发生在春梦里，或者像所有解决不了性苦闷的道德帝那样在暴风骤雨般的自慰后，去说些披着光辉外衣的屁话才是一个正直的人么？当然屁话这个词太不平和了，应该说，伪善的话。他曾经深爱过她们每个人，在她们经过的时候，不论是她们的面容，或是她们的体态，无一不是利器将他斩于马下，他发现他不知道如何去控制自己这颗勇往直前的多情的心，于是总结为这是他莫名其妙的人生的必经之路。

他没有办法决定这条路的走向，就低头苦闷地顺着这条路走下去，而唯一能做的就是尽力不再去伤害别人。

他让自己变得无所谓，虽然这些或许都是假象。是性格的假象也是感情的假象，它脆弱不堪，一碰就碎。经历让他拥有了坚硬的隐性蜗牛壳，能够经受得住任何外物的进攻。同时，它内有尖刺，每当他意志动摇的时候都会深扎进，向他展现那假象的虚无和恶毒。

夏至想起自己第一次对 addict 这个词有切身体会还是在小学时候，源于自己对《北斗神拳》这部漫画的热情。当时同桌有全套的《北斗神拳》，而自己却因为过度地沉迷于街机和弹球被家人没收了零花钱，只能向他借着看。

同桌说："我为什么要借给你？"

答："因为咱俩关系好。"

"关系好就要借给你么？"

答："那我帮你写作业。"

"写作业就要借给你吗？"

答："那你要怎样？"

"这样吧，写一个礼拜作业借你看一本吧。"

夏至说，现在想来他的同桌身上一定有八国联军中的某国血统，不然他何以能做到如此自然而流畅地把一堆不平等待遇抛之于我，同时认为理所应当并且毫无悔改之心。后来夏至整整一个学期纠缠在神拳中难以自拔，这是他生命里头一次品尝到了 addict 的滋味。“我一直对所有人亢奋地描述它，告诉他们这是我最爱的漫画。直到有一天我在电视上看到某个频道在播放这个动画片，我看到一个阿健打人的镜头，突然嘲讽地笑了一下。这个笑让我的脑子里煞白一片，紧跟着像抽丝一样，所有的，有关这部漫画的负面记忆挨个闪现出来。我发现它只是一部情节热血缺少智慧的普通英雄主义日漫，而且，每个星期拿到之后，我的阅读状态并不深入，甚至常常走神——我并没有我所认为的那么爱它，我又一次成功地被我自己编织出来，并反复说服自己相信的，虚无而恶毒的假象骗了。”

“而这一切，”夏至说，“不过是因为我彻底占有它的过程被强行延长了，或者说，我从来不曾真正地占有它。”

8

“我觉得安藤对你充满占有欲。”司思靠在我的窗边，边喝酒边说，“而且如果你和他之间一定要有一个人失去所谓爱的能力，那也应该是你才对，他凭什么讲这样的话。”

“但我们不能认为别人的伤害都是微不足道的。”我望着杯中透亮的琥珀色，在伤害这件事上，我想我和他没有分出谁比谁更严重的必要，只是大家对待伤害的态度不同。

记忆中那是我和司思最为冗长的一次喝酒聊天。2009 年圣诞前夕，天彻底冷下来的时候，她带了薯片和可乐来找我，我冰箱里有 JD。我原本以为她是为了见到夏至，但我试图叫夏至加入，司思却阻止了我，“我是为了来蹭你的酒喝，不关他的事。”而我宿舍只有孤独的一个玻璃杯——当时觉得好看买了一套两个，担心另一个不能物尽其用，于是被我当成了刷牙杯。司思宁肯花半个小时把它洗干净，也拒绝听从我的建议用碗喝酒。她说，姐们儿，大海碗装着 Jack Daniels 兑可乐，三碗不过岗啊，还有比这更有格调的事么。

我对她讲了一个近几日发生的“递签事件”。我续签的申请被拒了，为了重新递签，我认识了学校一个叫 Tony 的男生。

是不是台湾人啊，好像中文名叫纪什么，长得像个日本人，说话好温柔的那个？

叫纪泽。

嗯对的对的。

他家不是住在签证处的附近嘛，我又不认识去那里的路，他就说带我去。然后他加了我的 facebook，说很欣赏我写的那些文章。

你就是用那些装逼文艺小清新文章掩饰你恶俗的内心！

不要这么不给面子吧？好不容易有人欣赏到姐真善美的一面，姐很激动好吗！

那后来呢？

后来安藤看到我和他聊 MSN 就很不高兴，一会嘲笑人家长相，一会看不惯人家说话，每天说人家是傻逼。上礼拜三，他在QQ上敲锣打鼓地跟我说他要去泡妞，我就跟他说了我礼拜四要跟Tony去递签证。他皮笑肉不笑地说，哼，哼，那递完正好去他家坐坐咯？我说，我怎么知道坐不坐，递签证是我人生的大事啊！你的关心点好奇怪。反正你不是说要去泡妞也没空，没空还他妈管我的事，你泡完妞有空再管东管西好吗!!!

他就忽然脸红脖子粗地一跳三尺高，说，泡完妞怎么会有空啊！泡妞当然是一直泡下去永恒没空了！我告诉你，你就是觉得傻逼都比我对你好!! 我才懒得管你!!!

司思大笑，说，这个“永恒没空先生”是有点越权，你们两个不是说好互相不干涉对方的生活吗？他应该管好你们分内的事就OK了嘛。再说，司思又乐了，分内的事又不是什么麻烦事。

听我说完。

然后第二天我就和Tony去递签证了。跟他不熟，总要寒暄一下，客客气气什么的，结果刚见面没多久就接到安藤的电话，用很阴森的声音说，你递完了没，什么时候滚回来！你也知道我的电话是那种不用公放胜似公放的，我就很抓狂，好不容易有一个人欣赏我真善美的一面，我不想被他毁掉啊！我就赶快讲了两句把电话挂了。

从公车上到签证处，他打了N个电话。在电话里喊，你递完了没！你他妈的要住在签证处啊!!! 我终于忍无可忍，也不顾Tony在旁边了，冲着电话大喊，你不是去泡妞了吗！

你泡好你的妞!! 老给我打毛电话啊!!!

喊完回头看见Tony很尴尬地站在那里,用一种很绝望的眼神看着我……

司思接口道,好同情这种感觉的确是令人绝望的,眼睁睁看着一个心目中的真善美的化身!一个文艺小清新,被假恶丑狞笑着踩在脚下!太残忍了,简直惨不忍睹!然后呢?

然后Tony说,是不是Brian啊?他是不是喜欢你啊,我听说你们经常在一起的。我就苦闷地打开记忆的闸门,想起前不久还跳到他腰上逼问他对我有没有精神之爱,毛都没问出来……我就恶狠狠地说,没有,他没有喜欢我。Tony说,那干吗一直给你打电话啊……我又不想跟他讲"占有欲"的事,我怕那厮突然要跟我讨论弗洛伊德,我也不懂,露怯。我就说,因为他办了话费套餐,每个月有很多镑可以打,不打浪费了!

后来我就急急忙忙、灰头土脸、屁滚尿流地被安藤用电话生生打回去了。回去天都黑了,他在学校小卖部等我,看见我,一脸意满志昂的笑,就如同多年的老便秘被治愈了一般。

我就说,你妞呢?

他说,赶走了。

我说,赶走人家干吗?

他说,我爽完了一脚踢走啊!!! 留着干吗!!!

我说,留着给我看看啊!你这一边泡妞一边疯狂打电话!! 姐要看看你泡的是个聋子还是个智障!!!

他说，反正比你泡的强！我告诉你！你就是分不清好坏！谁都是好人就是我是坏人！！！你不跟我跟紧点！！！迟早被人骗！！！

我就满脸黑线地站在那里，听他发表他的总结陈词……

说到这里，酒精和激动的情绪让我的脸红得像火鸡，而司思已经笑得上气不接下气了，边说话边笑，边笑边说。

她说，我怎么觉得你们像俩小孩呢？

9

伦敦时间，凌晨三点四十。宿舍里三样最美妙的东西——girls talk，司思清唱的*My way*，以及永远不再的Jack Daniels。

Cocktail，Taquilla，Heineken，Corona，打翻满桌，谁都找不回来也替代不了那晚司思背后，我宿舍窗外，一点点变亮的天空。

她想说的话，似乎全都可以隐晦地藏在她唱的歌里。尽管不知道会聊到何时，可是一支烟以后，疲倦的她变得完全没有睡意。窗外应该都白了吧？如果圣诞节是白色的，会不会看起来比较美好。“我居然会在圣诞节孑然一身”，司思自己都觉得荒谬。

隔壁比利时男生送来的盆栽，鲜红地点燃她书架的一角。他的好意，司思装糊涂。可自己的好意呢，谁在装糊涂？

静静的屋里，时而听到放肆的大笑声。身边的人和事，可笑的怪诞价值观。一起惊叹为什么谬误看似真理，伪善化身忠实，丑恶变成美好，而以前认为重要的东西可以变得微不足道。时而静静坐着，只字片语，我讲我的低谷，她想她的心事，彼此了解，并不打扰。

笑容面具下的流泪的脸，会因为酒精的催化显得越发清晰，晶状体拉长，从放大镜变成显微镜。从皱纹到毛孔，仍然可以看到挂在浅黄色汗毛上的小泪珠。我想起某天曾经遇到过一个来自阿拉伯的 waiter，魔鬼般地展示他的巫术，我灵魂出窍，多希望他是真正的撒旦小鬼儿，带走我的负罪感，赐我邪恶透彻，片刻也好。

12 个小时，无数个倒在一边的瓶瓶罐罐，我清晰地目睹着窗外的每一秒，毫无醉意。哦对了，我悄悄告诉你，每当我抬眼望，都会看见约翰列侬就坐在我的窗口，微笑着用手指在我窗上写着：Let it be。

10

拜托你是幻视了吗？那个背信弃义的天秤座大傻鸟怎么会从地里爬出来，急赤白脸地跳上你 12 楼的窗口坐着，灵异小说看多了吧。

呵呵，Let it be. 我喝多了，千万别相信我。

我真看见了。

11

司思说她相信夏至出车祸前想到过她。“他给我打过电话”，她说这句话的时候就会把手机拿出来，“你看，有个显示‘未知’的未接来电，一定是从柬埔寨打过来的。”她说着这些眼神就会开始变得不知所措，“我那时在外面没有听到，你说，他要对我说什么？”

时间瞬时将空间转变，影像倒放，Christmas，2009，北京时间凌晨三点，伦敦时间早上十一点。

夏至睁开眼睛，觉得天花板还在转。而手腕上的 pub 印章，看着有点花了。洗过澡之后，不知道可不可以当没有去过。只是大脑硬盘里还留有昨晚拥挤的残影碎片。伦敦的气候他已经习惯，室内温暖又干燥，室外寒冷又潮湿。总是这片云飘过带走一阵雨。夏至开始不再打伞。

在 Traffgure Square 喂了一下午的鸽子，有个卖花的红头发小女孩一直在身边穿梭，娇小的身影忽隐忽现，她回头看见夏至，笑了一下。夏至为这笑容的甘甜微微迟疑，掏出 10 镑买了她的花，他看着这一把纯白的花朵想象它们枯萎的时候会变成一堆花瓣，而不是单一的一朵一朵，就像那些远去的，不见的，遗忘的，一样混淆在一起，是多么令人难过的事。与其如此，不如不去触碰。

卖花的女孩对他说谢谢，蹦跳着跑远。

上帝太偏爱你的笑容了。夏至自言自语。

晚上回到宿舍的时候夜幕已然降临。转过藤蔓缠绕的小路，二楼的某户人家在开 party，温暖的灯光流淌到了寂静的街道上。夏至抬头看见那家的阳台上有很多五颜六色的胶鞋，里面种着不知名的细弱植物。他独自站立着看了很久，听到不时传来的欢笑声。再转身要离去的瞬间发现远处的宿舍楼下，有个人坐在洗衣房门前的台阶上望着他。距离太远他看不分明，幽暗的天空背景下，一切模糊如同幻影。路灯忽然亮了起来。

后来的很多天里，夏至一直难以忘记司思坐在他宿舍楼下等他的那个画面。

她说，我把钥匙忘在家里了，我回不去，我今晚要住在你这里。

她身上有一片落叶，他帮她拿了下来。叶子喀拉一声碎了，在圣诞节的夜晚，发出了轻轻的叹息。

12

"你记不记得?"

"什么?"夏至打了个哈欠，靠在床头抽烟。

"小草，我们第一次见面的时候，你拔了三颗小草让我测运气。"

"不记得。"

他关了灯，在黑暗中躺下，他想要睡觉，因为很累了。

司思在他怀里，他感觉她的嘴唇温温地贴在他的身上，连同她轻轻的鼻息，长久地，仿佛一个静态的画面，却不像在等待睡眠——她呼吸均匀，却使他的心里莫名地不宁静。

她轻轻地从他怀里挣脱。

他开始做梦，梦见司思在夏末最后的阳光里惊慌失措。他想问她，是黑人大叔把你吓坏，还是你在喜欢我？混乱的情节，他一会儿又迷迷糊糊地醒来，恍惚感觉她一直背对着他在辗转，没有睡着。他伸手想拉她进怀里，掌心掠过她的眼睛，抚摸她的脸。皎洁的月光从窗帘的缝隙里飘落到房间的地毯上。

他竟摸到她在黑暗中满脸的泪水。

他忽地坐起，扳过她的身子。她的眼睛暗淡，迷茫地望着他，像空气中弥漫着的、潮湿的洗发水的味道，带着绝望的凛冽的清香。

她说，你爱我吗？

九

1

爱情。

别被这个开场白吓到，我要说的其实特别简单。

我每当听到这个字眼就会产生像听到肯德基一样的情绪，跟速食没有关系，我是想说，激动。是的，像小的时候任意一次听到要去肯德基一样激动，会本能地调动出记忆里第一次吃到圣代辣翅汉堡的时候，那种汗毛孔瞬间张开，两只眼睛变桃心的感觉。我知道你想对我说，你这个土锤，肯德基现在已经滥大街了好吗。首先我要回答你的是，我非常极其以及特别地赞同你的看法。其次我想询问一下你这个傻缺，你在被通知要去肯德基的时候，不会大脑飞速旋转开始自行搭配菜单么？可乐配全家桶，某某堡可以横扫饥饿，嗯，圣代要巧克力不要草莓等等的如此这般一番。

再次我想说的是，这就是爱情这个词给我的感觉。小时候惊为天人，长大了嗤之以鼻，觉得土锤才会津津乐道，而每当它出现的时候，我仍旧会设想那些换汤不换药的美妙滋味，并伴随着些许的兴奋。尤其是在我饿了的时候。

我来北京的第二个月看到微博上有人转发了一个视频，那是英国 Hovis 面包的广告。一个小孩从伊莉莎白时代的英国街道开始跑起，穿越很多场景，最后在泰晤士河边上狂奔。那是跨年的夜晚，天上突然间烟花绽放，无比绚丽，犹如白昼——2009 年的最后一天夜里我就在泰晤士河边，和等待新年的人群挤在一起，我是想说，在那视频里我看到了记忆中的情景。

2

爱情这个东西和烟花简直是绝配，就像天上的牛郎配织女，地上的跛驴配破车。烟花绽放在爱情片中也是司空见惯的路数。我能记得的两个，一个是《流星花园》里花泽类给杉菜放烟花，一个是张婉婷的《玻璃之城》里，黎明和舒淇车祸现场，路牙子旁边有一摊水，倒映着天上零零落落的圣诞烟火。前者让未成年的我产生了食不下咽想飞出脚边的拖鞋砸烂电视的不安情绪，说到这里我眼前刀光剑影，手雷板儿砖乱飞，无数读者举着砍刀向我狂奔而来伺机痛下杀手。

我不能也没有权利指点或告戒别人，我知道爱情这个词对于很多人来说，和白纱、玫瑰，等等的事物搅合在一起，已经达到了一种神坛上的高度。我只能嘲笑一下自己了，因为我还是被《玻璃之城》里那个镜头打动了。我不能自欺欺人蒙混于世，我要说，即使爱情这个名词本身不能带给我任何的感官刺激——那是因为它太抽象——我还是会被很多具象的、真实存在的东西打动。

那我们来谈谈具象的东西吧，抽象的东西之所以抽象就是因为它不够动人。是的，就像我对导购说，我要买一个 IT 产品，她一定边微笑边觉得我是一个满脑猪油的傻逼。

也许我该说，“我要买一个 iPhone 4S，然后我要下载 angry bird，tom 猫，切水果什么的欢乐小游戏在里面，我要用它替代相机我要用它上网，我喜欢它简洁的外观和被咬了一口的苹果标志，我将矢志不渝地用我的生命继续为它做植入式广告。”——够了停下吧，这就是具象。

那么让爱情这种不够动人的抽象名词赶紧靠边站吧，腾出地方来让我好好讲讲动人的故事，那些能看得见、摸得着的故事。

即使在这个故事开始和结束的时候，我都反复强调那无关爱情。

但它是什么这件事很重要吗？来想想，康有为戊戌年和光绪皇帝撺掇在一起，那叫犯上作乱，而现在叫变法。肖斯塔科维奇的音乐在莫斯科保卫战中是激昂的咏叹调，而德军只会叫它哀乐。哆啦 A 梦坐着时光机来到大雄面前，你可以叫它漫画，而我叫它童年。侏罗纪的飞蛾扑向熊熊燃烧的森林大火，被一滴融化的树脂覆盖，课本上叫它“琥珀的形成”，而我会觉得那是一首五百个重金属乐队也演奏不出的、让人浑身战栗的史诗。

就如同2009年跨年那天晚上在伦敦的夜色里发生的一切一样，它美好，但无人提及爱情。至于它是不是爱情，天知道。

3

“呆呆，别走丢了！”

晚饭后，我和阿关夹杂在一众同伴中，向泰晤士河走去。

跨年。

人山人海，流动的人群，夹杂着各种口音的英语，德语，法语，日语，韩语，京腔，川普……拿着烟花，喇叭，带着各种奇异的帽子。

印度小贩在没有城管的地方幸福地摆摊卖烟，卖纪念品，吐沫横飞，用撸不直的舌头狂喊着出血大甩卖。做可丽饼的意大利少女，红润的面颊被热腾腾的甜腻香气围绕，她的身边前来取暖的人群聚拢在一起，边搓手边欢笑攀谈。骑着高头大马的伦敦警察维持着秩序，马一边跺脚一边带着警察叔叔转圈，硕大的鼻孔在寒冷的空气中喷出白色的雾气，却瞬间就被喧嚣的人群冲散了。

留下的只有泰晤士波光粼粼的河水，潮湿陈旧的城市味道。

我走在漩涡般的欢乐气氛中，有一瞬间的迟疑，因为听见阿关在叫我。

开心地回头。

画面瞬时定格，我看见身后空无一人。

只有 Big Ben 静静地矗立在沉沉的夜幕下。

雾气中的时针指在十点，Last day of 2009。

呵，两个小时后 就是新的十年。

4

"呆呆，别走丢了！"嘈杂的人群里，阿关一直走在我前面，不时回头看我。

你看，看那个男的，戴国王帽子的，酷不酷！我酷还是他酷？

你看，看大本钟，这个光线不错，我给你照张相！

你看，看那边过来的那一群，穿曼联队服的，是不是 Manchester 来的？

你别光傻笑，你看你满脸小呆瓜模样。

干什么？不要又想假装生气！哈哈，呆呆把嘴鼓起来的样子好像一只小河马！

想不想玩烟花啊，我买一个给你玩！

你看，看那一群朋克妞，哎呦我靠真性感！看人家穿的破洞黑丝，你就穿不了人家那样！

5

我从梦中惊醒。

床头钟表上的日期是 2011 年 8 月 23 号。我躺着，枕巾上是洗发水香水和汗水混合的气味，我小心地呼吸，仿佛只有这正在消逝的味道里还留着昨晚梦的痕迹，我想抓住它，却似乎没有能力阻拦它被整个房间的空气残酷而快速地稀释。

“呆呆把嘴鼓起来的样子好像一只小河马！”

我忽然坐起来，看着窗外，窗外阳光灿烂，四周像往常一样寂静。

“我按一下你的鼻子，你再变个河马给阿关看好不好？”

我皱着眉头穿上拖鞋走到桌边，拉开抽屉寻找铅笔。铅笔找不到了，我烦躁地噼啪打开所有的柜子……

八个小时之后，我的桌子堆满了画稿，电脑屏幕上多了一只翘臀昂首踢后腿的小河马。

6

他是一只泥做的小河马，名叫“尼玛”。

2011 年秋天，我穿着破洞黑丝去相亲，哦不不，似乎更早，对了，是在我第三次辞职之后，我设计了这只玩偶。

那时我在一个设计院工作，领导是山东人，姓金，就坐在我的对面，我私下叫他“金霸王”。自从办公室调来全公司唯一一位外籍人士之后，霸王就开始天天不辞辛劳地大声展示着他的一口德州英语。当然这个德州不是开赌场的那个德州，是卖扒鸡的那个德州。老外听得云里雾里，给沟通造成了极大的障碍，于是不断求助场外观众。我们院里恐怕有九成人都有英语恐惧症，见其靠近，避之唯恐不及。一次意外，外国友人与我在食堂偶遇。共进午餐之后，相见恨晚泪眼婆娑，大有立即歃血为盟与我结拜之势。

金霸王对此分外不满，暗自揣度觉得我抢了他的风头，这霸王的第一把交椅坐得有些难以服众，便隔三差五将我视作虞姬——不要误会，不是宠爱有加，而是事无巨细地将我“别”上一“别”。我本来就难以忍受老八股的设计单位无休无止的工程图，加上金霸王左也不是右也不是地不断提点。在某个因为迟到而被单独训话的早上，我拍案而起拂袖而去，终于气势上击败了宿敌，挥舞着惨不忍睹的工资单大步流星地离开，一个猛子扎进被窝开始了无业游民的暗淡人生。

此后，我不吃不喝地闷在家里，没有饭局没有约会，设计了这只小河马，并用黏土让他逐渐成型地站在自己面前。在灯光下望着他，觉得他像个不会讲场面话的新生儿，很贱很呆萌，很二很倔强。

如同看见另一个自己。

7

“欸，你会不会觉得那个叫小青的女生有点二啊。”

Linda 美眉出现在了跨年的聚会上。不知为什么，我总觉得她对我有一种抵触，大概从第一次见我就埋下阴影，自此之后一直用鼻孔看我，看来看去，终于得出了上述结论。

对于 Linda 来说，人生最大的苦恼恐怕是自己居然长了一张黄种人的脸。2010 年跨年之前，我们在阿关宿舍烙饼炒菜，大概是她头一次亮相这种比较本土化的华人聚会。在此之前，她都会邀请阿关去她家做奶酪火锅，喝红酒，或者在噶冷噶冷的狂风天气躺在路边的印度椅子上，脸冻通红，傻了吧唧地抽着巨贵的水烟。

那次跨年之后方佳毫不掩饰对她的反感，大肆批斗一番，“那女生和安藤什么关系啊，来了也不帮忙做饭，看着我们满手面粉，她就端杯酒和外国人聊天装优雅。我们都是村姑她是公主啊，我看她有公主病吧。”

Linda 和阿关的关系追根溯源恐怕要到出国之前，算是故人之交，相识多年，于是会在初到伦敦的新生聚会上出现。司思总是非常不能理解为什么阿关每次说去泡妞，都是和 Linda 单独约会，而我却从不横加干涉，淡定得令人蛋疼。

我说，因为我不是他女朋友，没理由干涉他去装逼啊。

当然装逼这个词很不从容，我应该说，没理由干涉他去展现一种原本不属于自己的生活状态。我一直肤浅地认为，所谓“不装逼”说的就是过好自己的咸淡日子该干吗干吗。那种拼命干些原本不属于自己生活范畴的事，干完还恣意卖弄一番的人，就是瞎装一气。这就好像，蜜蜂说蜜很甜不是装逼，蚂蚁说米很重不是装逼，小强说下水道很黑也不是装逼。但是蚂蚁非要隔三差五地跳出来，和小强一起装作在酿蜜，就是有违自然规律了，装逼装到了破坏物种起源的境界，达尔文都恨不得从地里跳出来将装逼犯暴打之后拖走。

离开残忍的动物世界，我是想说，我没读过《圣经》也参透不了其中的精髓，因为我没有在西方世界里生长，不过如果阿关想要隔三差五地去吃一吃圣餐，满足一下他那迫不及待想要给自己贴上标签的虚荣，我也心领神会。

不过吃饱了和吃撑了还是有区别的。饭局过后，我和 Lin 美眉一起在河边抽烟。她不屑地看着我慈祥的红色打火机和皱皱巴巴的点 8 中南海，幽幽地说，“我只抽外烟。”说完拿出她的高级 zippo 点着 seven stars。看我不言语，又说，这款 zippo 是限量，只可惜我最近在戒烟，可能要当摆设了。我终于找到话题的切入点，兴奋地向她建议，“我知道怎么戒烟，我以前这样戒过，你可以买一堆话梅，一想抽烟了就吃话梅。”

Linda 面部僵硬，像看外星生物一样看着我说，那不是会变肥？

我说，还好吧。

她说，哦，我每天饮食定量的，不能吃超出 400 卡的食物。

正说到这，旁边人群里一个亚洲人模样的男子，毫无任何征兆地突然振奋胸腔，气贯长虹地“喝——呸!”一口浓痰吐在不远处的地上。吐完发现我们在看他，有点尴尬地扭头望向别处。

突发状况之后我和 Linda 两人随即沉默，为了打破僵局我善意地笑着对 Linda 说，没事没事，他可能今天吃了超过 400 卡的东西，撑着了。

8

我们一行人在拥挤的人群里找了个位置站着等待跨年的礼炮。大家说说笑笑，非常热闹。我喜欢这种热闹，充满好奇，永不疲倦。但谁都不要指望我会成为热闹的焦点，我不想当主角，我只想在热闹的场子里有一个自己的座位，一杯和大家一样的啤酒。我觉得这很有意思，就好像是一个电影，我是其中的一个角色，可有可无，我就那么站在那儿或坐在那儿，没有任何人发现我的存在，我没有台词，我不需要台词，我甚至连剧本都懒得看上一眼，因为这是我轻车熟路的表演，压根不需要任何技巧，每个人扮演的只有自己。

是的，我喜欢这样的表演，这样的感觉，这种感觉很舒服。我没有做主角的压力，更不用考虑票房和奖项。直到我感到头脚发麻，便起身悄悄离去，去独自数路边的灯光。

十二点，烟花绽放，周围是 blur，Oasis，Radiohead，Verse 不用喝酒也上头的声音，手持酒瓶狂呼乱喊的人们，冰冷的空气，一杯酒，一支烟，一口气。似乎刚从嘴里发出的笑声就会在半空冻成脆的，然后喀喇一声碎掉，落满一地。

我又有一瞬间停顿，在疑心烟花消失后，这欢腾雀跃的一切还是否真实。

9

但是起码有一件事是真实的。2010 年 1 月 1 号零时过后，泰晤士河边发生了一幕惊悚的强吻事件。下面是记者为您发回的现场报道。

事件的女主角就是我。就在我迟疑地站在狂欢的人群中，思想在精神层面和物质层面不断徘徊，从时空的“似曾相识感”到人类的百年孤独，并且已经开始进入第二篇章——关于夜宵吃什么——的时候，两个醉汉意外地走入了我原本就残缺的人生。

彼时大家相互拥抱，没什么国籍限制的照相，各种男男女女，伪娘基佬乱成一团，醉汉甲和醉汉乙蹦跳着朝我们飞奔过来，就在音乐声中和我的朋友们翩翩起舞，我也在中间。状况就在这个时候出现了，醉汉乙在和周围的一众女生舞蹈完毕后，意犹未尽，突然之间，没有任何前兆地，一把抱住了我，二话不说疯狂激吻！

请允许我言简意赅地描述一下此人的外貌，那就是，爆丑。他几乎将世间所有惨不忍睹、奇形怪状的男性特征集中在了自己的脸上，还掉了一颗牙，与他嘴唇相碰的一瞬间让我想起自己看见高中历史课本里画着原始社会一头羊换三个萝卜时候的感觉，那就是——谁他妈倒了八辈子邪霉吃这么大哑巴亏！！！

原始社会无从考证，但此时此刻走路撞树，喝水塞牙，印堂发黑的倒霉鬼就是在下了。我因为被豁牙舌吻，霎时间大脑一片空白，本能地运功想要将其弹开，谁知对方内功远远在我之上，一推之下，纹丝不动。

旁边的几个中国同学被这突如其来的异国之吻雷得外焦

里嫩，瞠目结舌。当时的画面颇为壮观，就像孙悟空喊了一声，定！将包括阿关在内的所有同学施法，致使他们全部石化，集体将我和一个爆丑豁牙围在中间，欣赏着两个人激吻的火花乱溅，唯美得一塌糊涂。

那一时刻，有那么千分之一秒，从我心底某一个很脆弱的地方，缓缓地，像一个水泡般的，扭动升腾起一句话，最后这个水泡，也就是这句话，轻盈地破碎，水珠纷落在我心灵的每一个角落，那就是——东亚病夫！

你们这群东亚病夫，眼见我国妇女被列强欺辱！视若罔闻！呜呼哉！我中华民族想靠你们这帮傻逼振兴?！玩儿蛋去吧！毫无指望!!!

又一个千分之一秒，我腾出空睁眼焦急地朝阿关张望，但见东亚病夫关某终于回过了神，咒语解冻，一个箭步冲上前来，把醉汉拽开了。

醉汉一脸茫然，摊开手冲他喊，Hey, what's up?!

场面陷入尴尬，阿关瞬间怒气上脸，无法迂回，唯有气鼓鼓地站在那里，瞪着醉汉，企图无声胜有声地用眼杀人。醉汉似乎读懂了他的眼神，疑惑地说，What's wrong?! 又指着我问他，Your girlfriend? 我霎时间无限悲凉，心想你居然提出这样一个严峻的问题，你也应该跳到他腰上去骑着问，看他能否为你揭晓答案。

Linda 站在旁边，表情探寻疑惑，周围的一票同学也都为了看这个万众期待，即将浮出水面的八卦内幕而瞳孔瞬间放大了 10 倍。我大脑放空，也不知道阿关该如何回答这个“to be or not to be”的问题。

眼见关某气沉丹田，亲启双唇，吼出了一句天雷滚滚的台词。

他说，Nothing!!! Don’t kiss her!!! Just hug me!!!

此话一出，山河为之动容。因为它产生的直接效果就好像他是个基佬，看上了这个豁牙，但是豁牙亲了我，他吃醋了。

大势所趋之下，地球人都无法阻止一个热血直男晚节不保了。因为狂欢的气氛和酒精的催化，加上阿关的勾引和主动献身，豁牙感动得大步上前紧紧抱住了他。瞬间，他尴尬愤怒又无奈的表情对准了我。

岂知我获救之后毫无感恩之心，施展出我看家的武林绝学“凌波微步”撒腿狂奔，迅速逃离了危险区。边跑边回头大笑不止，伸出手来朝他做了个 good for you 的手势。

当然，换来的是他恶狠狠的中指。

10

就在泰晤士河边基情四射的同时，两站地铁外的 Tottenham Court Road，司思正把跨年之夜的一顿烛光晚餐吃得黯然无光。

那次圣诞节和夏至的初夜，她嘤嘤地哭，问夏至“你爱我吗”，夏至不置可否地答了一句“也许吧”。谁知话音未落司思的哭声立即调大了十个分贝，先是在床上哭地梨花带雨满床乱滚，后来觉得表现的张力不足又跳下床，一跛一拐地走向窗边，像在 cosplay 植物大战僵尸里的僵尸，扶在窗上肩膀耸动。夏至想起自己的窗户是用剪刀开过苞的，随时可以 360°大开无压力，怕闹出人命，急忙下床从背后抱住司思，闻着她淡淡的发香说，宝贝，明天陪我把能逛的街全走一遍好不好，我要让全伦敦都知道，你是我的妞。

之后的几天，两人浓情蜜意如胶似漆的难分难舍，浴室不时传来司思的大笑声，她用唇膏在水池旁的镜子上写了“V love V”一个 V 是 Vincent，另一个是 Vita。但两个小时后她夸张大胆的作风遭到了巴西清洁工大妈的不满，夏至干脆消失在宿舍，被司思拖回自己家去 V love V 了。

岂料好景不长，跨年前一天司思在校内上发了她和夏至在格林尼治天文台的自拍照，圈了夏至。这引来一通八卦，大家议论纷纷说这美女是谁啊，Vincent 又桃花朵朵开了吧。司思正看得神清气爽，突然一个极不利于和谐社会稳定团结的音符映入她的眼帘。

“Vincent 现在品位再差，也不可能找这么丑的女朋友吧。”——留言的人叫 Coco 小仙。

Coco 小仙本名叫董璐茜，是夏至的前前女友。此女乃是名震谢菲尔德的毒舌，自从夏至提出分手后就从未摆脱她的怨念，阴魂不散地令夏至惶惶不可终日。司思看完这条留言后怒发冲冠，对夏至说我不管她是什么小仙大仙，你要让她把这句话删了。夏至说我惹不起她，要说你自己说。司思就跳到电脑跟前猛击回复，头昂得快要顶到了天花板。夏至走过去一把合上了笔记本，说你能别闹了吗？两人缠斗半晌也没斗出个结论，各自气哼哼地睡去。

谁知冤家路窄，第二天是新年夜，夏至在 Tottenham Court Road 订了烛光晚餐，带着司思喜气洋洋地前往，却在同一家餐厅碰见了 Coco。小仙一见到夏至立即变身半仙，七窍顷刻间少了三窍半，大喊着“Vincent”款款而来，走到半路才发现了夏至身旁的司思，本能地顿了一下——这是一个雌性动物遇敌时肾上腺素分泌而引发的停顿。

司思本来并没有把她与昨晚留言挑衅的主角联系起来，她却自我介绍说，我叫 Coco。这个名字轰地一声引爆了司思心中的活火山，她正在用最后的一丝理智思量会不会“此 Coco 非彼 Coco”的时候，董小仙又补充了一句：

我见过你的照片，你还挺上相的，P 过的吧。

11

那晚天雷勾动地火，司思恨不得把夏至的宿舍翻腾得天花板朝下。

攻擂方司思说，这个董璐茜摆明今天就是来挑衅的，说话句句针对我，这不是骑在我头上欺负我吗？守擂方夏至说，她就是那个样子，对谁都那样，要不然我怎么能离开她爱上你呢，new year 啊宝贝，咱能不能 happy 点，别去想那些有的没的不高兴的了。司思攻擂没攻下来，觉得自己吃了大亏，岂肯罢休，就说，那行，你给她打个电话，让她给我道个歉吧，不然这事没完。谁知夏至吃软不吃硬，哄她几句，也没了耐心，说，你爱闹自己闹吧。

司思一向都是被男朋友宠爱有加，没有遇到过如此“作风硬朗，打法顽强”的防守方。见夏至死守不放，不由得电流直冲脑门，拍着桌子说你打不打。夏至不理她，司思拔地而起，一甩一甩地走到桌旁，一把拿起夏至的 Nokia N97，昂首挺胸地说，既然你不打，那我觉得你的电话也没什么作用，我看你以后可以不要用手机了，跟它 say goodbye 吧！

话音未落就豪气冲天地推开 12 楼的窗户，把夏至的手机拆成三块，先后朝不同的方向用力一掷，欣赏它们划着抛物线甩飞出去。

夏至听见自己新买的手机几秒钟后在寂静的冬夜里发出迷人的轻响，和远处的新年钟声交相辉映。此情此景刹那间令他感动得心碎耳鸣，肝胆俱裂。

12

Big Ben 敲响了零点的钟声。酒瓶在手，仰头喝完 Heineken，摔碎一地的玻璃渣，有没有一丝畅快的解脱？告别了烟花，走过花影憧憧的白金汉宫，有公车从海德公园旁边的 Buckingham Palace Road 缓缓开过。一对情侣在昏暗的暖色灯光下温存。

我沉浸在冰冷的空气中点燃香烟，热闹消散，孤寂才是挥之不去的主题，抽离，麻木，脚上穿着匡威，冻到疼。

回到宿舍，阿关始终沉默，闷声不响地开门关门。进了房间动作夸张地对椅子，柜子推推搡搡，拿起一个水壶走到龙头旁边一阵哗啦啦，接着重重地哐当一声放在地上开始烧水。然后皱着眉头三两步走过来，“吧啦”一下蹲在我跟前，开始解我的鞋带。正在我很是意外不明其理的时候，他站起来重重地推了我一把，我坐倒在了床上。他抓起我的腿把我的鞋脱下来扔到一边，然后坐在对面，把我的脚抱在他的怀里。

房里很安静，只有烧水的声音。

抱了一会儿，他说，还冷吗？别急水马上就烧好了。大冬天的穿神马匡威，笨死了。

过了一会儿他就起身拿盆子接了一盆热水，摸了水温以后端过来放在地上，自己蹲下来，把我的脚拽过来放进水盆，问我，烫不烫？

不烫。

我不知道说什么好，他就一边给我洗脚一边说，有些人，我好心好意救她，她居然还在旁边幸灾乐祸。然后我还要给她洗脚，我都不知道我图什么。

我静静地望着他给我洗脚，洗完他说，还冷么？

我摇摇头。

他说，那睡吧。

躺进厚厚的被子，关上灯，我在黑暗中望着他床边的Beatles海报，听着身边的呼吸声，觉得整个冬天的寒冷都被隔绝在屋外。于是轻轻地转身把脸贴在他肩膀上，说，干吗对我这样。

沉默，没有回答。

我突然感觉一滴眼泪流了出来，我说，你说话啊。

抱着他摇晃，凑到他脸前。

阿关却突然把脸转过去，说，睡吧。

13

“你怎么了，对我有什么意见吗？”

第二天早上我起床，看见阿关坐在电脑前在看《两杆大烟枪》，便撅着嘴埋怨，“怎么不等我一起看？”然后蹦蹦跳跳地刷牙洗脸，跑到他身边想要给他新年的第一吻，他却把脸扭开了，表情奇异，高深莫测，令人几度疑心其多年的老便秘又犯了。

他说，你自己知道。

我很无奈地说，我不知道……

你昨天晚上和那个外国人打啵儿，你当我是瞎子吗，你以为这事就算完了？

我愣愣地看着他，一时间没反应过来应该说什么，于是没有回答。

他背对着我，看着电脑里不知所云的剧情，说，我就不明白了，那么多女生，为什么别人就没事，你就会被亲！我也不是没看见，人家都示意性的，友好地跟他跳两下，你就在那跟他嗨！你不被亲谁被亲！所以我跟你说，你在外的那些谣言，不是没有道理的！

说到这里，阿关自己气哼哼地说不下去了，但我仍然没有说话。

他朝我吼，你说话啊?!

我不做声，站起来开始穿衣服。房间很安静，阿关也不再发表演讲，只有电影里的对白声，显得突兀苍白而尴尬。

一会之后我穿好衣服拿起包要走，阿关突然转身朝我怒吼，你为什么老是没有解决问题的态度呢?！你这样走了算什么意思!!!

我静静地望着他，说，你解决问题的态度还挺客气。

你别对我这么客气，你是要说我骚对吧？直说吧没事，我替你说，我也不是没被人说过！我终于明白你为什么不要亲我了，你嫌我被人亲过了对吗。好啊，骚货好，我就是骚货！我的眼泪唰的就从眼眶喷涌出来，“不然你也不会不爱我还上我!!!”

说完我泪流满面，用手随便一擦，拿起包夺门而出。阿关站起来拉我，被我用全身的劲甩开跑掉了。

于是新年第一天的清早，由于不合时宜地看了两杆大烟枪，我和阿关变身成了“两杆大火炮”，不欢而散。

吵架之后我愤愤不平，食欲大增，昂首阔步地走进超市买了成堆的食物哼着歌走回宿舍，手机低电关机就扔进包里不去理睬。走到宿舍后门口，开门刚进去，忽然背后一阵脚步，然后，后领子被人用很大劲抓住，一把拖出了门！

我被不知从何而来的歹人拖得转了一个圈，站定定睛一看是阿关，他面对着我站着，鼻孔像公牛一样喷着气。

我说，你干吗啊！！！

阿关开启了他的超重低音炮，大吼，我话还没跟你说完！你跑什么！关什么机！！你他妈的任性给谁看！！！我打电话到你宿舍别人那，都说你没回来。我就担心你出事，到处找你。跑来这里等你，又怕你从另一条路回来！就一直站在岔路口！！你现在闹够了吧！！！你是要折腾死我才高兴！！！

我被他吼得莫名其妙，"我手机没电了啊，我没关机啊！我去超市买吃的了，因为我想吃东西啊，你看嘛，不信你看！"

阿关看了一眼我手里的袋子，一堆快要溢出来的薯片饼干饮料，气得揪着自己头发转圈。

你这个女人怎么这样啊！你昨天晚上要亲我，我不让你亲，我是想让你问我怎么回事，我好跟你谈谈！结果你就睡着了！现在又居然能吃得下东西！我真想掐死你！！！

我气哼哼地说，你不是嫌弃我被人亲了吗，那你掐死我很好啊，掐死吧！

阿关语气瞬间温柔了下来，我不是这个意思，我其实是想说，我知道你很好，你就是太善良了……可是你对谁都那么热情，别人就会觉得你单纯好上手，我是想说你应该懂得拒绝……

我忽然被戳中泪点，哇哇大哭，边哭边说，哼，现在说这么好听，刚才还在嫌弃我，我亲你一下你都不让！还说要掐死我……

话没说完，阿关突然捧着我的脸深深地吻了下去。

14

记忆里这个吻吻了好久，在宿舍后门的洗衣服门口，阳光照着我脸上的泪痕，我手里还拎着超市的袋子，四周很安静，只能听见洗衣房里的洗衣机滚筒有节奏地转动声。

一吻之后，阿关静静望着我说，我从来没给人洗过脚，也没像刚才那样担心过一个人，也没有因为骂了谁这么后悔，可是明明就是你不对，我就是不忍心骂你，我也不知道为什么……我就是很……喜欢你。

哎呦，哎呦呦呦，我露出挑衅的笑容盯着他看，你该不会是爱上我了吧，嗯嗯？

阿关却又立即恢复了很拽很贱的嘴脸，凑近我的耳边低声说，是性爱。

那个清冷安静的上午，阿关把我塞进暖气旁的被窝。

我笑，指着墙壁。

墙壁的另一面住着只吃素食的高大荷兰人。

他打开电脑，在 *Junk bond trader* 的单曲循环中，用温暖的身体包裹住我，我眯缝双眼，抬头看着窗上的雾气。

和掀起一角的窗帘背后，忽明忽暗的，伦敦的天空。

十

1

我觉得我爱上你了。

说这句话的时候我穿着格子衬衣，躺在 Strling 青旅的小小床铺上。脑海里闪现过《这个杀手不太冷》里面的女孩说这句话的镜头。

她说，你在这里，在我的……胃里。

Strling 是个神奇的地方，我喜欢那个青旅因为它足够梦幻。站在清晨温暖的窗边，望着窗上的水汽，我在想如果窗下埋了杰克的豆梗，华莱士是否可以顺着粗壮的藤蔓爬上来。

我已没有前一晚那么怕他。

或许是因为阿关的故事。

半夜我被噩梦吓醒，他给我讲了一个充满魔幻现实主义色彩的电影，叫《迷雾》，我现在都记得。是这故事将我催眠，让我说出与爱情有关的字眼么？而这故事本身全无情调，却不知为什么导致了苏格兰调情的结果。

哦买噶。

2009—2010 年的圣诞假期，阿关带我背着包放出豪言，说要踏遍整个英伦三岛。我用一句“爱你”认同这段旅行，只可惜我说出这两个字的时候，他沉默着不置可否。

我嘻嘻笑了，在水汽淋漓的窗边。窗外是积木一般错落的古老石砌建筑，静谧。我说，喂，阿关，对我说你相信天长地久吧。

他望着我，眼神里的冷清像早晨那些快要被蒸发的雾气。6 时 12 分的阳光漂浮着尘埃，欧洲电影里的陈旧暖色画面。

我摸着他的脸，紧跟着说，我开玩笑的，我知道你相信过。

他说，什么？

天长地久啊，你相信过，在你还不认识我的时候。

2

生活就像感情一样，当你找到了合适的城市，合适的环境，温馨，独立，妩媚，性感，单调，无趣。习惯它，却不时想逃脱，逃脱后又发现，距离同时会拉长想念，长过发丝，长过几百几千公里的空气。

阿关在普利茅斯海边无人的陡峭岩石上和我做爱，穿过冰冷的空气，我满身潮湿，长发发梢上的水珠，滑过脸颊。他说他像是在强奸整个大海。可惜的是，激情却不是生活。高潮不代表回归。我在想念这一切的时候，是内心无比柔弱地想念着那段生命。

Strling 的山坡，自从去过以后，我总会在想要再去那里。依然是冬天。站在空旷的、刮着冷风的公路上，周围的又长又高的荒草倒向一边，远处是白雪和高山，面前是被很低的太阳照射出的拉长的影子。在山顶的高塔里坐着吃饼干，看远处华莱士打过仗的地方湖水煞白的反光。同行的人在回去的路上一直说墓地里会有鬼魂出没，阿关便把路灯反射出的高大影子映在石头砌的墙壁上。我宁愿相信，他在那一时刻被威廉·华莱士灵魂附体。生活不再有寄托时，人们需要信仰。

爱情，来得太美好。走得太悲伤。是否所有的美好都最后是悲伤的结局。人生的轨迹也许就是浅浅的悲伤。车辙不要压得太深。车上不要带太多的行李。沿路的纪念品，新的买来，丢掉旧的。

食物和水，其实才是生命所需。

可是不幸的是，2010 年深秋离开伦敦时，我仍然是那个抱着一大堆纪念品，蹙眉不忍丢弃的小孩。

《8 miles》——来自阿关的日记

今天在一个不算熟但却颇有些渊源的朋友的相册里看到以前一起出去玩时拍的照片。阳光下的水面，顿时闻到一股焦热的夏天味道，扑面而来，感觉像是暑假刚结束时重新开始热闹起来的宿舍楼。于是我慵懒地伸了个懒腰，光着的脚踩在书桌前的暖气片上，烫了一下，才发现,哦,外面的雪还没有化尽。

转眼已经 2010,挂在窗上的圣诞袜才收起来没多久,每天早晨看着窗子上凝结的水汽挠挠乱糟糟的头发,又长长了一点。这个圣诞假过得还算是丰富,背着满满一登山包的平和心境踏上环英的旅程,努力把足迹印满整个不列颠。

我在 Wales 暖暖的壁炉前喝下亲切的雪利酒,望着窗外默默落下的雪片,盖过了 Dan 家的马厩、花园、芬兰浴池还有那座站在半山腰的七百岁的石头房子。Christmas Market 上爸爸和小女儿在打雪仗,老特拉福德门口的 United Trinity 头上盖着薄薄的雪,草场上一动不动地站着软绵绵的羊群,埋伏在雪地里一脸傻样。

但是让我最难以忘记的是那天晚上开车回家,我们穿过两边是牧场的崎岖山路,转过最后一个转角,却无论如何都爬不上那结了冰的陡坡。我和 Dan 两个人坐在车里,四周一片漆黑,只有仪表盘亮着灯,收音机里传来 Mariah Carey 的 *All I Want for Christmas Is You*,满天星斗。半年以前也听着这歌,期待着圣诞节。我从没有像那时候一样期待过什么节日,但最后它还是像以前所有的节日一样,欢快但又略带失落地过去了。I don't want a lot for Christmas.

在 Devonshire 冷峻的海边,我们穿着冲锋衣,顶着英吉利海峡骇人的凄风冷雨,沿着没完没了的公路没完没了地走。头顶那一片阴霾的天延伸到视线尽头，折叠成一片阴霾的海，又返回到脚下。海边的灯塔，尖利的沉积岩，面朝大海的山坡上的房子，停留在空中的海鸥，全部混迹在一起，不记得有没有旅伴，也分不清是在Plymouth，Torquay，还是Torpoint。我把一些东西撕碎，用力地向空中扔去，却发现简直是徒劳，该飞的自然属于天空，该游的快乐地投入水中，只有我不知道该站在哪里。大雨中有个老人在海滩上遛狗，那黑狗像闪电一样奔跑着追逐飞向海中的橡胶球，欢快无比。码头边的咖啡吧里，侍者独自坐在桌前悠闲地吃着薯条，看见我们来了便彬彬有礼地站起，吧里的音乐我很喜欢。当雨渐渐停下，天色也已黯淡，港口里的船只亮起闪闪的灯火。在这里最令人愉快的事情无非是点起一盏灯，可以亮起两束光。我回头看看走过的路，脚印早已被海浪抹得一干二净，狠狠地拍在防波堤上。

记忆中最后的场景是黑暗中一辆摇摇晃晃开来的长途巴士，灯光描绘出一个前不着村后不着店的世界，远处山坡牧场上的马儿们也已消失不见。我们爬上巴士，一共三名乘客，灯光暧昧，司机很善意地朝我笑笑，我们登上二层，昏昏睡去。

一直很羡慕那些去过很多地方的人。隔壁剪短了一头金色长发的Timo告诉我说自己去过将近三十个国家，边说边很惬意地煮着那锅Dutch vegetarian food，我默默在心里向圣诞老人祷告能不能给我一本宇宙通用的护照。圣诞老人让我找春哥要。

新年以后，一路北上，来到被埋在皑皑的白雪下的格子裙与风笛世界。牧羊犬，弗格森，水怪，布朗，我一个都没见到。背着那个大大的登山包，捧个地图满世界走，转战于各个青旅和城堡之间，这旅行的世界分外妖娆。

第一次和苏格兰人说话是在 Edinburgh 青旅里，当场感受到苏格兰语的名不虚传。穷鬼的旅行自然以 Hostel 为中心，而 Youth Hotel 又实在是一名伪小众青年在路上必不可少的精神支柱，因此我的苏格兰之行基本上是以 YH 为框架，辅以各地风土人情风景名胜而渐渐丰满起来的。我们曾在乱坟堆边的旅舍下榻，曾站在山上高高的纪念碑塔顶俯瞰回响着那句摄人心魄的"Freedom"的广袤土地，望向远处拔地而起的 High Land，并依稀看见千百年前挥动长剑划破苏格兰天空的那颗勇敢的心。我们在格拉斯哥的雪地里打滚，在温柔夜色下的教堂前驻足。我们看过 Ness 那广阔的深不见底的湖，蓝得发黑的湖水，和水面上氤氲的雾气，以至于刹那间我甚至以为真的可以看见水怪，那个神秘的俏皮的让我神往的大家伙。湖边坐落着一座破败的城堡，让人猜想它当年的美丽与兴旺。当我们坐在返程的巴士上，尼斯湖水在窗外闪闪地隐入渐渐降临的夜色中。我双眼朦胧地望着那湖面，似乎有个什么黯淡而模糊的身影，抬头看看我，又转身潜入那个无边无底的纯净世界中去了。

三个星期，三个Kingdom，那些利落的直爽的欢快的豪迈的人与事，让我看见了一个真正的平时看不见的不列颠。嗯，这就是英伦吧，我们一直梦想着的地方，感叹着的地方，希望被埋葬的地方。令人难过的是，太多的人太过浮躁，看不见平凡外衣下的迷人景色。我相信罗马是美的，维也纳是美的，巴黎是美的，但为什么没有人告诉我他爱上了Camden集市上的朋克姑娘，爱上了Torpoint海边那座灰色的小酒吧，爱上了格拉斯哥Kelvingrove公园里那个结了冰的小斜坡。

一路走来，我们看够了风景，听够了故事，至于自己是否有什么变化，我也不知道。

在Inverness的Youth Hotel里住着两个胡子头发花白的老人，老得不能再老了。我在厨房烧水的时候遇见的他们，其中一个一言不发，用一台和他一个年纪的苹果笔记本在上网，另一个大胡子老人上来和我搭讪，兴致勃勃地告诉我他这一天在大雪里徒步走了8 miles。8 miles，在大雪里，一位老人的勇敢步伐。

我又想起威尔士的星空，德文郡的海滩，以及爱丁堡的皑皑白雪。

3

自从司思从12楼的窗口大义凛然地报废了夏至的心爱

的手机，夏至一言不发地和她背对背睡了一个晚上，第二天就订了假期回谢菲尔德的火车票。

那时他和司思一共恋爱五天，一起吃过四次饭，坐过一次摩天轮，看过一场电影，送过一次玫瑰，买过两个祈福的饰物，洗过两次澡，吵过一次架。

夏至说，该干的事干得差不多了，该分了。

司思在伦敦哭得昏天暗地，要死要活，一口气上不来全身发抖。谁的劝都不听，坐着火车去找他。

在此之前的一周，她也曾刻意令自己将他淡化，并因此而几乎挖掘到了重生的美好。

只谈风月不谈恋爱，杨千嬅唱道。如果可以的话，倒不如每天泡在酒吧。比起猜测人类一颗复杂的心，分辨写实主义和印象派来得容易。不会看到有人浮夸的面具背后坚硬的心，这心软硬与自己无关，却平白无故要作为牺牲品。不会因为看到了他不在意的表情，惹自己无辜的心一片片碎散。伦敦的草地潮湿柔软，司思把碎片悄悄地藏起来，要等到来年冬天，树木枯黄，一片死寂时才可以找回，然后试图复原。

可是如果被喧闹的孩童践踏后成为粉末，那要如何才可以修复？伦敦的春季来临之前，司思一脚踩进积雪融化的水坑里，陡然间滋生出的冲动，将积攒了一周的理性打击得溃败不堪。

她在空荡荡的火车车厢里听歌，没有温度的阳光照在她的脸上，树木和电线杆的阴影间或一掠而过。有个中国小男孩跌跌撞撞地跑过来捡皮球，皮球滚到司思脚下，他看着司思，害羞地笑，肉嘟嘟的小脸上两坨红晕。司思叫他坐到自己身边来。

去哪里？

谢菲尔德。

那我们一路呢。谁带你去？

爷爷。姐姐和谁一起？

姐姐自己去。

那姐姐以前去过吗？

没有啊，你呢？

我也没有。我爸爸妈妈在那上班好多年了。可是他们没有空理我，我和爷爷奶奶住在北京。

那你和爷爷奶奶一起住开心吗？

不开心，爷爷奶奶不会讲故事给我听，爷爷讲的故事我一听就想睡觉。

那姐姐讲个故事给你听好吗？

小男孩很高兴，连连点头，像小鸡啄米。司思摸摸他的后脑勺，自顾自地讲起自己的故事。

4

我家养过一只猫，她的名字叫嘶嘶。她总是一副懒洋洋的样子，喜欢晒太阳，打哈欠和追毛线团。因为很小的时候就把她抱回家里养了，所以她总是能在任何我出现的地方出现，欢蹦乱跳地扑过来，然后安静地蜷在我身边轻轻地蹭我。但是有生人来家里的时候，她却只敢躲在我身后，不吱声地悄悄张望。她看见老鼠就跑，跑到看不见老鼠了才敢鼓足勇气小声喵一声。

我是想说，嘶嘶是一只胆小又羞涩的母猫。可是我把她惯坏了，她很挑食，吃猫粮都要有牌子。看起来就像个傲慢的小公主。自从她长大后总有些公猫在我家墙头严阵以待，翘首张望。连邻居都想用家里的名贵猫和嘶嘶配种，我说回家问问看她的意思，可她鼻子里哧了一声就跑了。有一段时间，天天有个细长眼睛的黑猫晚上来我家外面走来走去，嘶嘶藏在房里看都不看他一眼。

我很好奇嘶嘶究竟要爱上什么样的“男人”呢？

有一年夏天，每天天气都很热，我吹空调吹到头痛睡不着觉，起来去书房乘凉，看见嘶嘶自己在我的书房里坐着。后来我发现，她经常自己坐在那里，一坐就是一晚上。她是在等待哪只公猫吗？我觉得好奇怪哦，书房里怎么会有别的猫呢。直到有一天，我惊奇地发现，嘶嘶是爱上了老爸买给我哥的贝司！

是真的哦。

她每天都很想见到贝司，因为她觉得贝司很酷。她就呆在贝司旁边，靠着他，就觉得世界超级美好。嘶嘶和贝司在一起是那么安静，一点也不像平时任性的模样。贝司通常都是不讲话的，但是只要贝司愿意，就会弹出最激动人心的美妙声音给她听。“可是贝司都不理你啊。”我望着嘶嘶很无奈，你喜欢他有什么用呢，你们根本就是不同物种。

忽然从有一天开始，嘶嘶不吃不喝，容颜憔悴。我才知道，是我哥演出的时候在台上把贝司摔烂了。我让老爸又买了一把新的贝司摆在那里可是也没有用，傍晚时候我常常看到嘶嘶蹲在书房门口向远处看，家里人都担心她要挂掉了。

结果你猜怎样，我哥在房间听他们乐队录的demo，嘶嘶就突然跑过去了！跑得好快，好兴奋，因为那些歌里都有贝司留下的声音！后来只要一放我哥他们乐队录的这张盘嘶嘶就会开始吃饭，我哥虽然没有变成什么牛逼贝司手，可是我觉得最起码他们的歌挽救了一只痴情猫咪的小命，也算功德圆满呢。

或许嘶嘶心里一直相信有一天贝司会像她爱他那样爱上自己的，会让自己看到他温和的内心，会对她动真情。直到有一天嘶嘶老了，变成了一只行动迟缓的老猫，她也依然那样等待他，夕阳照在她脸上，一副痴痴的表情。

嘶嘶不后悔。

5

车到达谢菲尔德是一个阴霾的黄昏，小男孩的爸爸来接他，小男孩躲在司思身后不肯过去。那个中年男人有些尴尬，冲司思歉意地笑笑。

在挥手分别之前司思忽然想起什么急忙叫住了他们，“请问 Sheffield University 怎么走您知道吗?”

你是去那上学吗？不介意的话我们捎你一程，我也往那个方向。

哦，我找一个人。

欸，那你算问对了，他们学校我还算熟，你找谁啊，说不定我认识。

瞬间司思的脸上疲劳尽消，忽闪着大眼睛说，哦，他叫夏至。

6

夏至望着火锅店雾气腾腾的窗户，坐在他对面的男生忽然冲着店门口的方向大喊，吴哥你总算回来了，你看谁来了！

老吴大笑着说，我看谁来了？你让他看谁来了！

夏至回头，视线越过一张张古香古色的八仙桌，看见火锅店老板的身后，司思拖着行李箱，裹着厚厚的围巾望着他。

7

在谢菲尔德和夏至在一起的大部分恋爱时光就像做贼。因为会时不时碰到夏至昔日的脑残粉，或者是“旧相识”，她们看到司思和夏至走在一起的时候往往眼神犀利如刀，嗖嗖地刮得司思遍体鳞伤。夏至倒是镇定自若，带着几分悠闲地和熟人搭几句无关痛痒的话，没事可干的表情，消瘦落寞。久而久之，连司思自己都惊讶于自己竟然习惯了当“万人迷”的女人，接受各种白眼的洗礼与挑衅。

那次司思跟着火锅店吴老板辗转找到夏至，当天晚上就发了高烧。夏至的死党急忙张罗收拾，给他腾出一间房，司思就此一头栽倒在床上不省人事。烧到半夜，司思嘴里哼哼吵醒了夏至，他翻身坐起去端了盆凉水，用毛巾给司思擦额头。静夜里，司思忽然皱着眉头嘟嘟囔囔，“租房子的哥哥，我错了，我再也不扔你的手机了。”夏至不禁摇头叹气道，小姑奶奶我真是服了你了。刚要去换水，突然注意到司思台灯下的小脸，白皙的面颊被体温熏得粉红，像刚蒸出笼的寿桃，皱着眉头，甚是惹人爱怜。他不由得多看了一会儿，把手轻轻放在司思的脑门上，对她说，傻妞房东，租房哥哥在呢。

谁知司思突然像吃了摇头丸一样翻腾起来，嘴里含含糊糊地吹气，好像一条小鱼在吐泡泡。

你说什么呢？夏至忘了司思还在重病，被她逗笑了。跳到床上凑近她的嘴边听。片刻之后抬起低垂的眼，悄无声息地握住司思滚烫的小手，久久地放在唇边。

司思说，你不是租房哥哥，你去叫他来。他叫夏至。我只爱他，不爱你。

隔日清晨司思醒来的时候，看见一夜未眠的夏至四仰八叉地倒在她旁边。阳光照进房里，她就托着下巴静静地盯着他看。不知过了多久，窗帘的阴影变换着形状在屋里无声地游移，窗外一辆救火车开过，惊醒了夏至。他一扭头就看见司思在看着自己，定了定神，慌忙说，你怎么起来了，还难受么？

边说边四面八方摸摸索索地找体温计。

司思咚地一声倒在床上，手脚摊开，一脸满足。

“哎，我希望病一直不好。”

瞎说什么呢，你。

因为这样，你就会一直陪着我，照顾我了。

夏至在早晨的柔光中把司思搂进怀里，看着屋檐上积雪融化留下的水渍，感动到了内伤。

别傻。只要你病快点好，我就一直陪着你，哪怕万劫不复。

8

谢菲尔德的冬季假期，司思过得温情而快乐。她曾说，那是她和夏至最美好的时光。他们每天回家只走一条曲里拐弯的小巷，那里在新年期间一直有人声鼎沸的集市，琳琅满目的英国传统手工艺品，色泽艳丽的糖果，烟熏火燎的小吃，热气腾腾的红酒。冬天的夜里，他们边走边吃，一路吃回家。众所周知冬季是动物囤积脂肪的最佳季节，这为司思每个冬季体重陡增提供了学术上的依据。夏至整日沉溺于香烟和篮球，在司思红光闪烁的双眼注视下日渐消瘦。

但这丝毫不影响她和夏至一起吃夜市的乐趣，很长一段时间她都觉得自己起床的目的就是为了等待夜晚降临。

漫长的冬季，夏至拉着司思的手徜徉在明亮喧闹的深巷中，挤在一起眼巴巴地等着吱吱冒烟的烤排骨。有那么一两次司思的口水居然不受中枢脑神经控制，公然从嘴里溢出，准确无误地落入他们身边的炭火，并适时地让夏至目睹全过程。夏至会当即不顾司思的铁拳相威指着她哈哈大笑，扬言日后要随身带个盆以备她随时取用。引得周围的人也纷纷回头对司思顾盼流连，她顿生死念。

司思反戈一击的办法是趁夏至付钱的时候，阴险地在所有的食物上涂满芥末和辣椒酱。

夏至不吃辣，他最怕听到的三个字就是“麻辣烫”。此人听到“又麻又辣又烫”的反应无异于女生听到“往后十个月你大姨妈都不会来了”的反应。

他们乐此不疲地消耗着冬天短暂的黄昏——因为是借来的房子，所以不能够回去得太晚。房东是个难缠的德国怪老头，作息规律得像在纳粹军营，给夏至和司思规定了回家的deadline。自已每天端坐在比正常时间快了17分的挂钟面前，精密地计算。如果回去晚了，就会看见他躺在摇椅上，面对着壁炉。按照超时的分秒分析并罗列他们可能做过的事情，字正腔圆——这让司思觉得老头家酷似一个未挂牌营业的私家侦探事务所。

而夏至则会拉着她踮起脚尖，悄悄从老头背后溜进房里，笑闹着把她拦腰抱起扔在床上。俯下身对她说，“你又他妈重了，我觉得我胳膊差点脱臼。”司思随手拿枕头砸他的时候，仍能听见远处隐隐约约传来抑扬顿挫的英文三字经。

离市中心几公里的地方有一个人迹罕至的公园。夏至说，读本科的时候他是那里的常客。“泡妞吗？”司思极具特工潜能，瞬间警觉。

你看你，小小年纪不学好，就知道泡妞。带你去玩好玩的，比泡妞好玩多了。

Flying fox似乎是一种原生态的游戏，因为回伦敦之后，司思就再也没有见过。那是在公园的树丛中的两个人工搭建的原木高架，用平行的两根粗麻绳相连，间隔大概七八十米远。麻绳类似索道，上面挂着一个硕大的轮胎，游戏者坐上去，轮胎就会向前滑动，越来越快，飞速滑到麻绳中央后会因为惯性继续荡到麻绳的另一头——很有一种人猿泰山的感觉。

司思小心翼翼地骑在轮胎上，当它开始向前移动的时候她感到自己整个胸腔都因为刺激而扑通乱跳，耳边疾风阵阵，她闭紧双眼，大声尖叫，心快要从嗓子眼里飞出来。直到轮胎撞到终点，速度减缓，慢慢悠悠地滑动回来。她才发现自己不知何时已经满身细密的汗水。

夏至只看她玩，坐在旁边衰败的草丛中，捡起石子，在司思飞来飞去的时候丢她。

喂，胆小鬼，你干吗不来玩。

你才胆小鬼，也不知道是谁乱喊乱叫地扰民。

那你来啊。

敢和我比赛吗？

夏至起身走到另一个轮胎边上。退后几步，加速向前冲刺，快到的时候飞身一跃跳了上去。轮胎瞬间被强大的惯性带动像装了马达一样“刷”地喷出。夏至蹲在上面，如同坐着飞毯的阿拉丁在司思惊讶的视线中滑远。

山顶上的柔光直射着未化的积雪，晶莹剔透令人心中柔软。司思和夏至玩 Flying fox 到夜幕降临，输的人要做晚饭给对方吃。司思努力地炒出了一盘坚如磐石的西兰花，夏至用四个字评价——菜如其人。被暴力威胁后又急忙改口，“不不，我错了。应该是菜出于人而胜于人。”

入夜的时候夏至裹着棉袄在阳台上抽烟，司思穿着睡衣跑出去非要和他呆在一起。夏至便用棉袄把她裹进自己怀里，说，回伦敦就该过年了，到时候你搬到我们“大 Hawkridge 帝国”来陪爷一起过吧。司思闻着他身上温暖的洗衣房味道，幽幽地说，也不知道 Cherry 最近怎么样。

放心，你俩落了单谁都掀不起个浪花，凑到一块，那就得海啸。

漆黑的冬夜，街对面的烟囱旁边停着几只愚蠢的鸟。不时有路人从不远处的公园走出。星光下，偶尔会听见那里传来秋千悠长的吱呀声。

9

无意中翻出了 2010 年的春节之后写给阿关的信，想起那时的春节，是在宿舍的厨房里跟好多朋友一起围着电饭煲吃火锅度过的。阿关还买了 Chinatown 的小纸龙给我玩，又无端端被创意出各种猥琐的玩法。2010年的春节和情人节是同一天。夏至说他很纠结是该在春节发情，还是情人节发春。十五天之后，元宵节和联赛杯决赛又在同一天，曼联vs维拉。和阿关一起赶去pub凑热闹看球，路上我被pub门口一个明显喝大了的维拉球迷一把抱住，非要让我加入他们的行列，当时我和那个红脸胖子之间的距离不到五厘米，我惊恐地望着他，原本就抱歉的英语更是一个词也说不出口，急得只想对他唱周董的那首歌。

不用麻烦啦不用麻烦啦不用麻烦不用麻烦啦……

夏至有一个关于吃的歪理邪说，那就是他认为吃的越多越男人，所以谁都不要和他抢。司思总是在旁边拿着漏勺，边和他抢鱼丸边说，“住嘴，你这个只知道吃的伪娘。”而阿关则会在众人哄闹的时候，夹起虾和肉片悄悄放进我的碗里。

他因为输掉了和我之间的打赌，无奈之下要愿赌服输地写一封情书给我。大年初三的晚上，他看着凤姐的采访视频，写了这封小小的情书——

嘿，妞：

其实我并不知道该写些什么，因为我只有在悲伤或者难过的时候才会“文思如泉涌”，而现在的我应该算是快乐的，所以才思枯竭，犹如罗布泊龟裂的大地。你就将就着看吧。（话说听着凤姐专访给你写情书实在是别有一番风味。）

说起我们在伦敦的这段不伦之恋，无论结果如何，都必然会在我的记忆里留下难以磨灭的印记。但是，既然是在伦敦，这些应该也是稀松平常的吧。我越来越觉得这像是一部维多利亚时代的电影，我们俩背着背包走在阴森潮湿的砖头路上，两旁是哥特式的教堂，头顶是伦敦氤氲的雾气；不知道何时福尔摩斯就从面前匆匆而过。周围一切在我们身边疯狂地旋转变化着，威廉·华莱士高喊着 freedom 挥舞着长剑，圆桌骑士纵马穿梭于中世纪的刀光剑影，罗宾汉在树林间朝别人头顶上的苹果射箭，开膛手杰克的身影在 East End 黑黢黢的石头房子拐角处一闪而过，人们惊叹着工业革命的一个个发明在南安普顿挥别泰坦尼克，一次世界大战的英军坦克和二战的盟军降落伞，鲍比·查尔顿从女王手中接过奖杯，最后是疯狂的歌迷嘭地给了列侬一枪，然后镜头一片黑。人类史上多少标志性的划时代的事件就在我们脚下的土地上上演。而我们在这里演绎着小人物的爱恋。

我不会给你买施华洛世奇，不会带你去看 Addict 的新款，不会请你吃什么大餐，但是我带你去邦德街看麋鹿，到会议中心闹游行，在 Stable's 淘眼镜，在海边点点点。我会为了你第二天的 presentation 帮你剪辑视频到凌晨四点，我会为了让你暖和起来把你冰冷的脚揣在怀里，我会给你煮面，我会因为你的签证而着急。啊，我们就这么一天天嘻嘻哈哈打打闹闹疯疯癫癫地过，虽然没有办法许诺给你什么未来，但我还是很珍惜这每一天，而当它结束的时候，我一定会很难过。

我很少考虑你跟我在一起是不是开心，玩游戏你总是输，桌球也赢不了，斗嘴的时候也总是被我气得小拳头乱捶。但我还是相信你和我待在一起的时候快乐更多一点吧。你要是问我凭什么有这种想法，嘿嘿，无可奉告。

有些人受我感染，已经向摇滚的深渊跌去，有些人和我没说过几句话也被我贬得一无是处。我就是这样一个人，你却仍然勇敢地和我呆在一起，给我做饭吃，等我下课，陪我出去玩（虽然老是迟到），和我一起去 Hampstead Heath。我也不知道为什么，可以在你面前展现出最真实的自己。咦，本来还没什么感觉，但写了这封情书，我突然发现你在我人生这个最特别的时期扮演着最重要的角色。所以，不管你信不信，我还是要说一声，我很喜欢你，即使你总是会投来怀疑的目光，然后叫我一声，阿关。

10

我的回信摘抄如下——

昨天下午你带我闲逛到醉酒那晚走过的路，终于向我证实了那路，以及桥洞，铁轨，都是真的存在，原来一切并未消失得如同那晚的忧伤与寂寞。于是，在那个阴晴不定的下午茶时间，我与你百无聊赖地望着色彩艳丽的火车，向无辜的人们邪恶地比划着中指，而他们却在油腻模糊的车窗后面冲我们友好地招手。这就是你对我说的小人物的爱恋么，呵呵，一切让我想起“后 boxing day 时期”的我们，牛津归来逛牛津街，马不停蹄地走上“二万五千里长征路”的日子，空手而归，相互搀扶，比赛唱周杰伦的歌，自创各种无聊的游戏，打各种无聊的赌。坐在公车站的红色椅子上休息，向试图停车的司机大叔摇头露出歉意的微笑。我们的各种无聊，我们乐此不疲。

记不记得我对你说的话——“也许有一天我会成为你温柔的老婆，把房间收拾干净在客厅插上百合，在外面举止优雅，在家里和你抢电视看，有球赛就让给你，然后黏在你身上让你看不好。如果没有这天我就努力成为你温柔的小情妇，在远离你的城市租个充满阳光的小房子，煮着噗噗的绿豆汤，等你不定时地来和我疯狂乱搞。阿关，那时候你还会像现在这样疼爱我么？嗯，也许你还会有小 21，小 22，小 23，小 n，小 n+1，又怎样，我是你永远的小 20，是你坊间流传的小姘头，是阿关背后的女人，我要撅着小嘴内牛满面地问你。

阿关，你爱我吗？

11

我爱你。

一个春天的夜里，我们满身汗水地躺在 Max 宿舍的小床上，阿关对我说。

屋外有此起彼伏的开门声，走动声，和对话声。各种带口音的英语，或是京腔。那时我已快要忘记了在苏格兰高地我蜷在他腿上，对他说着有关爱的字眼。

我疑惑，阿关，你怎么突然就爱上我啦?!

他笑，用鼻尖对着我的鼻尖，阿关明明一直就很喜欢你的!

12

等一下，推上电闸，房间明亮，故事支离破碎连接不上。好吧，我无法把胶片中的某一段剪掉，也不能在美好的画面开始前销毁一切证据，那么，就让时间空间迅速倒退到他说爱我之前的两周。2010 年的三月。阿关消失的两周。

13

三月，新学期开始，四周一派生机盎然。我却无法盎然，因为上一学期的设计作业被全盘否定，我陷入了莫可名状的人生低谷。

我学习的专业是建筑设计，学期初导师问大家对什么样的课题感兴趣——当然这其实事关选题，影响到后期要研究的内容——我怪力乱神地瞎侃一通，说每个人都有自己私下里引为自豪的技能，这不是数学物理化学跑得快跳得远，而是他们不为人知的小秘密。例如有人喜欢在上菜之前把餐巾纸竖直摞得很高；有人喜欢一声不响地走过有声控灯的走廊；有一个女孩可以把尿一滴不漏地尿进可乐瓶里，这是小的时候独自在家不敢去上厕所练成的神功。

这个有关“人类独处时的隐私行为”的选题让我的设计成绩有了一个质的飞跃，我是说，朝差的方向飞跃了一大步。因为我无法解释这些怪诞的行为究竟关他妈的盖房子什么事，导致的直接后果就是老师集体认为我是一个怪诞的人。

一个阴云密布的下午，我在宿舍听着 Pink Floyd 思考我离愁别绪的人生，感到前途一片黯淡。突然 QQ 怪叫，阿关说，Linda 叫他明天一起去抽水烟。

高级果汁一盒 4 镑，打折力度最大的时候买一赠一，也便宜不过 80P 的廉价果汁。每次在超市，阿关和我都要咬碎牙根将手伸向卑微的 80P，手背上写着街知巷闻的巨大汉字——穷。抽水烟一次 17 镑，露天，风大，抽完吹出一脸疙瘩还沾沾自喜今天牛逼了一把。我心里对这种“拆房子卖地穷装逼”的行为送上无数块板砖的同时回复他，“好，去吧。”

数分钟后他毫无悬念地又问，那我去抽水烟你去干吗。彼时正逢我带着愁绪和人大战 QQ 游戏，“1V1”V 到生死关头之际，我便挥手奉送他四个大字。

关你鸟事。

第二天我帮阿关擦了鞋，送他出门，告诉他约会要开心。他临走又回头问我，那你到底干吗去。我露出温柔的笑容，把我发明的“答疑万用四字箴言”又重复了一遍。

那晚有一个纪泽的生日 party，我就叫上了司思和方佳和我同去。对于三个在儒家传统思想熏陶下长大的大陆柴禾妞来说，宝岛同胞的豪迈令人望其项背。纪泽的朋友带了一帮姐妹淘，酒过三巡都东倒西歪地纷纷爬上桌子大跳甩奶甩臀，麻辣诱惑。我顿感气势上输人一头，司思的臀部也被黏在了沙发上一样，无从甩起，方佳为掩饰无边的尴尬边狂吃四块蛋糕，边打嗝边欣赏着满场屁股乱飞。

这时有个男生过来递烟，长着一张骚包的脸，穿着一身富二代的行头。他说，出来玩开心点！来，Marlboro? 我想起阿关前几天正好要买烟，就顺嘴说，你烟是从机场带的么，我跟你买两包。骚包男看了我一眼，从旁边拿了杯酒过来。

喝酒不说买不买的事，今天喝好，一会你走的时候拿几包不就完了。

记忆中那天喝了不少，司思还帮我挡了酒。喝到最后大家称兄道弟，骚包男往我包里塞了好几包 Marlboro 说回去抽着玩。我从 KTV 出来晕晕忽忽兴奋异常，拿出电话就找阿关的名字。

有 36 个他的未接来电。

我打过去，就听到他很生气的咆哮声，“你跑到哪去了!!!”

我大着舌头说，哈哈哈，我给你弄了好多马宝！我好伟大！

你在哪啊?!!!

刚唱完歌，KTV 门口呢。

哪来的马宝？

一个纪泽的朋友给的。

你喝了多少啊？！！！

我已然喝到七荤八素六亲不认，开心地大放厥词，“不要你管！！！你就说我伟大不伟大！！！”

却听到阿关冷冷的声音，“不伟大。”

我委屈，“为什么啊，你昨天不是说要买宝马吗？”

阿关顿了顿，我不喜欢你这样，我不需要你这么做！

正在这个时候，我听到电话旁边有女生说话的声音，在叫他。我问，你还和 Linda 在一起啊？

电话安静了好久，没有人说话，只有午夜冷冷的小风吹在我的脸上。

然后我听到他清晰地说，“我今天晚上住她家了，你一会不要回来找我了，就这样吧。”

我听到这句话，犹如什么东西钝重地在心脏上砸了一下。

我说，什么？

然后就是漫无边际的空白，白茫茫的一片，毫无踪迹可寻的空白瞬间爬得我满身都是。我举起电话，看见屏幕上的四个字，在静谧的夜色下刺眼到如鲠在喉。

通话结束。

14

那晚我做了四个梦。

第一个我梦见在苏格兰爱丁堡的一个不知名的、像古堡一样的办公大楼旁边，我和阿关发现一个广场。那天大雪漫天飞扬，广场上的雪厚得堆积到膝盖，一片平坦，似乎从来就没有人来过一样。我们就跑下去，疯狂地用雪块乱砸，跑得满身汗水，就一起滚了一个很大很大的雪球，直到推都推不动为止。最后我们四仰八叉地平躺在了雪地的中央，觉得天是一个巨大的穹庐。我们一直躺着一直躺着，后来闭上眼睛。

再睁开就变成了威尔士的同学 Dan 家的桑拿房里，四周闷且燥热，大家都睡了，只有我们两个偷偷跑去蒸桑拿。后来太热了实在是太热了，我们就脱光衣服全裸躺在一起。感觉着身体水分消耗，连眼皮都没有力气睁开。我忽然问他，阿关，你说我们会不会就这样死掉。

突然他就不见了，我四处找他，哪都没有。我就从桑拿房跑出去，外面变成了伦敦的街道。迎面走来的人，全部穿着黑色的衣服。我大喊着阿关你在哪儿，我好害怕。猛然间听见他的声音在附近的地方。

他说，你别看他们的脸，你没发现，他们都没有五官吗？

我一回头看见他和 Linda 在我身后，我努力想看清他们在干什么，可就是看不清，在抽水烟吗？还是并排躺在一起像在 club 一样端着红酒嘶吼聊天？他们手里拿着一个东西，我却看清了，是个避孕套。忽然他们一起抬头，望着我说，嘿，晚安小青，你该睡了。

忽然我就发现自己怀孕了，站在病床前，尝试着把手放在微微隆起的肚子上，凝视修长的指间滑过那不可思议的弧线，在光洁的皮肤上留下阴影。阳光成颗粒状在我的手周遭扩散，混合着我颔首时不经意流落下的温暖。是一种极至的美，如同钢琴的最后一个琴键发出的似有似无的声响，如同冬天的北风里那永远也无法追随的气息，也如同我那总是无边无际的，莫名的忧伤……

这个时候护士进来了，她穿着雪白的衣服，像四周的墙壁一样白，像床上的床单一样白，像钢琴的琴键一样白，像冬天的雪一样白。

她说，你的B超结果出来了。

我说，是什么？

她说，恭喜你，你怀了一个西红柿。

我错愕地望着她，说，有没有搞错，怎么会是西红柿呢?!

她淡淡地瞥了我一眼，不耐烦地翻查着手里的记录本，确实后说，没错；就是西红柿。

我说，不可能，我怎么能生西红柿呢？

她说，有什么不可能，龙生龙，凤生凤，你自己就是西红柿，当然只能生出西红柿。

我说，可是我不是西红柿呀！她说，怎么不是，别老以为自己是水果，其实你就是个菜！

说完蛮横地把一面镜子横在我的面前。镜子里果然出现了一个西红柿。

我委屈地看看镜子，又看看她，又看看镜子。我说，可是，可是，我没以为我是水果，我一直以为自己是大白菜来着，怎么会是西红柿呢?!

她看了我两秒钟，马上恢复了那种淡淡的神情，扭头冲着病房外面喊，带2床去复查！

马上我被两个闻声赶来的护士带走了，出门时我看见门上写着——“神经科250病房”。

我哭了，一路喊着，我是大白菜呀，怎么突然变成西红柿了，我是大白菜不是西红柿……

她们突然停下来说，要不然先吃饭吧。你要吃什么？

我说，凉拌西红柿和酸辣大白菜。

她就打电话点餐。数十分钟之后菜端了上来。我一反常态地举着筷子一动不动地坐着，目光笃定，深沉似海。

她们说，快吃呀，你在干吗？

我说，我在想，到底我算哪盘菜。

15

忽然我就醒了。

拉开窗帘，空中斑驳的飞机云，仿佛整个伦敦的阳光一瞬间涌进了房间在我的天花板上张牙舞爪。想起昨晚的一切，还有自己半夜酒醉穿越的瞬间，非常希望这一切不是真实的存在。

迷迷糊糊走到厨房，夏至用奇怪的眼光看着我说，Brian刚才来过了。

我说，人呢？

他说，走了。又指了指桌子，说，让我给你。

我冲过去，看见一个袋子里装着我所有放在他那里的东西，从油盐酱醋到睡衣睡裤。我问，他说什么了么？夏至说没说什么，让我给你，就走了。我问什么时候来的?！夏至说，大清早吧。

我看着桌子上的一大堆东西，忽然想把它们从窗户全部扔下去。嘴唇抖动起来，最后演变成浑身发颤。夏至走过来对我说，Cherry 你没事吧？我伸手摸了一把椅子坐下来，眼泪扑嗒掉落，砸到手背上满是不冷不热的余温。

我忽然又有半晌的思维抽离，想起那个一起在屋檐下抽烟的雨夜，自己对阿关说的话——你来伦敦的目的不是我，我来伦敦的目的也不是你。

那句话在这一时刻土崩瓦解，灰飞烟灭，我听到噗的笑声，然后似乎满世界都是嘲讽的窃窃私语，对我说着同一句话——不是吧，不是当初约定好的不谈感情吗？那你现在哭成这样是承认自己当初说的是句屁话吧。

我咬住嘴唇，想强行控制眼泪，却感到心脏嗡鸣一声，整个人抽搐不止。

忘记哭了多久，我突然间抬头对夏至说，我听见打雷了。他凝视着我，而我凝视着窗外。那个灰蒙蒙的空洞的瞬间，宿舍里满是消毒水和香烟混合的味道——每个礼拜四墨西哥清洁工来过后都会留下这样的气味。夏至在我肩头轻轻捏了一下，然后他的声音就清晰地在我耳边，根本从来就没有打雷，你幻听了，说明你在期待什么。

你在期待什么？我猛地回头，看见夏至永恒不变的轻蔑，仿佛在嘲笑谁。

我抬头把纸巾还给他，说，我没事，这些都不是我的东西，你帮我扔了吧。

16

整整一个礼拜，阿关对我不闻不问，我们相互也没有给对方打过一个电话，发过一条短信，QQ 签名也没有改过。一切安静得好像所有的事真的从来没有发生过。第二周的一个周四下午，我突然画图画得肚子饿，跑到学校 Blumsbury 小卖部去买了一个三明治，然后就站在窗户跟前撕三明治的包装袋，怎么撕也撕不开。烦躁地抬头，赫然看见不远处的门口，阿关站在离我大概十米远的地方，正用一种阴冷复杂的目光看着我。我一下就僵在那里，然后瞬时做出夺路而逃的反应。跑回绘图室里以后还觉得心神不宁，好像看见了不该看见的东西一样。

17

今年 8 月份时候，我在气味图书馆买了一瓶“洗衣房”味道的香水。大家都说那个很难闻，像福尔马林，像消毒水，只有我自己知道为什么会买它。因为只要闻到那个味道，我就会想起那个周四的晚上。

那天晚上我回到宿舍快要睡了的时候，忽然接到了阿关的电话，看见来电显示我很不安，他说，你在宿舍吗？

嗯。

他说，那我过来。

下楼，裙子在奔跑时啪啦啪啦地拍在腿上，发出快乐的声音！趴在洗衣房门口的栏杆上等阿关，夜风轻吹，我觉得自己像要纵身一跃，跳进夜色，然后被心跳无力自拔地征服。

阿关远远地穿过藤蔓缠绕的小路走向我，穿着那件我送他的海军制服。那件衣服上还写着它之前拥有者的名字，我每次看见总会产生或多或少的遐想，想象他的衣服到底经过了怎样曲折离奇的过程，之后被挂在了 Stable's 被我看见。

他走到洗衣房门口，停下看着我。

过了好久他说，“我那天晚上没有住她家，她的德国男朋友来伦敦了，她介绍我们认识。”

我说，那你为什么要那样说。

阿关说，我生你气，你不接我电话，我担心你！

我哇地哭了，“你还把我的东西都拿给我了，你要遗弃我吗，真的要让我变成 Oliver 吗？”

阿关急忙跳过栏杆帮我擦眼泪，擦着擦着自己也哽咽了。“我今天下午看见你在撕三明治，忽然真的觉得你就真的像个被遗弃的小孩。你信我说的话啊，我真的没有住在她家，我是被你气得急了。”然后咧着嘴舌头打转，越说越含糊，最后演变成和我抱头痛哭。

18

我们像往常一样一起去超市，一起做饭和洗碗。只是回到房间里他紧紧地拥抱了我。我像个满头问号的孩子，坐在他的腿上，搂着他的脖子，被他不停地深吻，吻痛了嘴巴。

停顿的空隙，我眨着眼望着他，阿关，其实你是想住她家的，德国男朋友耽误你了，对吧？

他大笑，抱我上床，没有回答我的问题。

十一

1

伦敦的春天还是来了。

一整个春天，我们在房里听着豆瓣电台，被那些喷溢到处的阳光照得睁不开眼睛。楼下传来阿三小孩的叫嚷，你追我赶地扎成堆抢球。

这种时候不远的地方总是传来叮叮咚咚的音乐声。

我说那是附近教堂的钟声。

而阿关总说，呆呆真呆。那是冰激凌车的声音。

2

我借到画着笑脸的吸尘器
地毯变得干净
再也没人会知道
曾经那里有我断掉的头发

再也没人会怀念

曾经向面包屑表白的饼干渣

就像有了梦游的爱丽丝

谁还会记得过气的剪刀手爱德华

不过我有一又三分之一秒的难过

如果不是因为我

这段地毯下的八卦

一定票房 PK 阿凡达

我又可以坐在地上看天空中不断消散的斑驳

希斯罗繁忙的航班总是责任重大

咕咕叫着的胖鸽子

忽然扑啦啦地飞

脆弱的粉色花瓣被风卷起的刹那

四月的温暖让她放弃挣扎

北半球傍晚

教堂的钟声赶不走喷溢到处的阳光

和

路边无人理睬的小野花

她在石板的缝隙中摇头晃脑

仰起脸四十五度角

看见蓝到发紫的天空下

高大的水塔

还有海誓山盟般等着她的

静静开来的火车

他

他说她是个没有气场的呆瓜

上网死机逛街崴脚签证被拒喝水塞牙

总之人品有够差

学不了红色电话亭里贴着的那些姐姐

可以靠 size 称霸

就像没有仙女帮忙的辛德·瑞拉

只能傻傻坐在窗边等老爸

静静开来的火车会在

某个不确定不期待不沉闷不忧伤的午后静静离开

留下身后

打球的孩子无邪的笑脸和高大的篮球架

他俯下身看她

野花

阳光惯坏了饱足的蚊虫

嘘

谁也不知道

那个注视的片刻她偷走了他的心跳

野花会和温暖的光线一起不知疲倦地终老

野花会永远带着他的心跳声

逃

伦敦的春天没有沙尘暴

伦敦的春天只有窗外的喧嚣

和

窗里静到会有回声的令人表面恬静内心激荡的音调

——小青《我借到画着笑脸的吸尘器》

3

我又一次在梦里看见那个小孩，走在清晨无人的街道上，望着迎面而来的路人，胆怯，在目光交织的刹那害羞地低头。天色阴沉，偶尔飘雨，她把头靠在颠簸的车窗上，手里拎着装满食物的超市塑料袋。

清晨，噩梦中惊醒，混沌地起身拉开窗帘，楼下陈旧的居民楼和突如其来的光芒一样陌生。独自坐在墙角吃东西。看天空斑驳的飞机云。心底立即如同有一汪冰冷的水涌起。

转身，笑容。怯懦是人类最大的缺点，孤独的人是可耻的。

我在窗外望着她，风把我带往高处，她的身影越来越小。只有她隐约空洞的目光，变成一个点。

我忽然想起刚才看见她的脸，和初来伦敦的我一模一样的脸。

而我终于可以对她 say goodbye。

“你说，我找到男朋友之前，你都会照顾我的。那现在你变成我男朋友了，你还会照顾我吗?”

我一字一顿，笑容甜蜜，装疯卖傻。

雏菊的花语是“森林里快乐的小妖精”。

传说中，午夜是天上的小妖精下凡洗澡的时间，妖精最爱说假话，以笑惑人，其实她们谁都不爱。可是如果有一天对人落泪了，就会变成一朵雏菊滞留在人间，再也回不了天堂。

4

呆呆像个小妖精，我每天满脑子都想着怎样消灭呆呆。

阿关是幻想狂，阿关还以为自己是孙悟空呢。

呆呆你说你是不是河马精。

不是!

那你是猫精。

不是!

那你是呆呆精。

嗯，是的。

为什么呆呆精就是了?

因为呆呆这种小动物只有一只，比较特殊。

那你刚才被我骂哭了，以后回不了天堂了。

天堂有什么好?

天堂有 cheesecake 吃。

切——！那我在 Morrisons 超市也能买到，我还回去干什么。

5

从 Morrisons 超市出来，司思和夏至吵了架。

她跟他约好五点半一起去买食物，晚上到 Hawkridge 一起做饭吃。

他却又让她等——像那次在 Forgotten 里一样，他每次约会似乎不让她等到"发如雪"誓不罢休。如果夏至让司思在学校门口等他，那他一定会姗姗来迟——她已经习惯了在校外那个固定的地方等他，春天，冬天，晴天，雪天。有时司思在刺骨的北风里站立很久他才气喘吁吁地跑出来。司思会撅着嘴不高兴地问他，干什么去了，把我一个人撇这儿，多冷哪！夏至会边给她暖手边说，朋友心烦，让我陪他抽根儿烟。

哦。

怎么你等很久了吗？

哦。

他便不再说什么，把她的手放进他的口袋里。

他从不解释，只等她自己怒气尽消后主动找他说话。司思对这件事深恶痛绝。远远的，她看见他走过来了，抬手看表，差三分钟六点。

干吗去了？

朋友心烦，让我陪他抽根儿烟。

台词永恒不变。但这天司思却准备改写一下剧本。她要赢。

于是她说，我可能怀孕了，我这个月大姨妈没来。

直接肇事嫌疑人夏某大惊，“什么！没可能吧！”但是摄于司思圆睁双眼的淫威下顿时不敢怀疑。两人一起走进超市，司思说，导购都是外国人，我要买试纸，我该怎么问?！夏至说，你二啊，你不会用英语问啊！司思说，用英语该怎么问?夏至顿时就像找到了彰显自己英文深厚功底的绝佳时机一般，“你就说，I'm just wondering if I have been pregnant（我不确定我是不是怀孕了)”。

司思故作耳背，说，什么?！亲爱的还是你英语好！你再说一遍！

夏至又说了一遍。

司思满脸痴呆状，又说，啊？什么?

夏至抽了口烟，无比烦躁地对着她大喊，你他妈的什么耳朵！我再说最后一遍！I'm just wondering if I have been pregnant！！！！！

喊完忽然间脑海中充满了各类蒙太奇画面，像水池里的一个漩涡飞速旋转，涡流的底端在一阵咕噜咕噜声后终于浮出水面——这里是伦敦。这句话，外国人是能听懂的……

分针在夏至剧痛的右脑，嘎嘣，走到了整点。顿时太阳穴里闹铃声大作。他抬头发现周围所有的外国男女都用异常惊恐的眼光看着他——看着一个男人在超市里当街狂喊他不知道自己是不是怀孕了。

身旁是自己女朋友山呼海啸般的笑声，边笑还边指着他说，让你丫以后再迟到！

6

很多个晚上，司思和夏至莫名其妙地争吵。

圣诞假期之后回伦敦，夏至课程减少大半，于是去了China Town的一家中餐馆打工。白天上班会一整天地想她，下班后两人呆在一起，做得最多的事情却是吵架。

想念和争吵占据了他们生活的很多时间。

争吵是司思单方面的事情，夏至只是刺激她，刺激完了就阴郁地躲避她。然后看着她泪流满面，发出歇斯底里的尖叫，不去理会。

他不理她的时候，她会想各种办法让他受不了。说脏话，砸东西，把他的衣服扔到他脸上让他滚。她讨厌他的冷暴力，就要让他难受，即便是讨厌她，也不要他忽略她。

无数次司思哭得瘫痪，夏至却径直走向床边一头栽倒呼呼大睡。让对方不爽对于他来说是家常便饭，简单得不能再简单的事情。司思赌气抱着被子睡到门口，把门摔得噼啪作响。而夏至却仍能安枕无忧，毫无动静。

翌日清晨司思披着睡衣轻手轻脚地靠近他床边偷看他。他却忽然一声低吼，吓得她惊呼着向后差点摔倒。夏至得意地笑，看着她又恼又羞的样子。

他是胜利者，并且像所有的胜利者一样从不道歉，让一次次的争吵周而复始，自己永占上风。

7

门口一夜。司思整晚没睡，看着表等待夏至出来让她进屋。等来等去，终于等来了绝望。第二天就收拾行李搬回了家。

当晚司思独自去了 pub。那是个刮着大风的阴天。让她感到无比压抑的天气。她从家走出来感觉立刻就要被风刮倒似的。单肩的复古皮包，两个带子中的一个在她没走两步路的时候滑了下来。因为手里拎着一袋垃圾，她只好任它那么掉着，耸着肩以防整个包都掉下来。

她用这个中风样的姿势走了一路，绕过公园，一抬头看见了“地铁停运”的牌子。只好极为笨拙地转身，再次绕回公园，朝公车站走去。风是逆着的，头发被吹进嘴里让她郁闷无比。她忽然感到希望迎面而来的人看见她的样子。

很奇怪的，她居然希望迎面而来的人看见她窘迫而丑陋的样子。

背包的带子又掉下来了。

司思一愣，整个包忽然间全部滑落，所有的东西立即在巨大的声响中铺了一地。她一把把手里的垃圾甩出去好远，在路过的行人惊讶并且鄙夷的目光中蹲下，开始在风里大声啜泣。

咦，这不是 Vita 吗？

司思凌乱的抬头，看见纪泽正温和地看她。

我正好路过这里喔，你……还好吧？

8

抱着我。

嗯？

抱着我。

春假的第一天，不再寒冷的凌晨，司思站在喧嚣嘈杂的酒吧里，平静地看着端酒过来给她的纪泽。他微微诧异，迟疑地抱住了她。司思闻到他怀里的气息，很陌生。

她咬住嘴唇，点燃香烟，但泪仍旧流了下来。

9

很多人都在津津乐道地认为抽烟代表长大，结婚毁了自由。

其实什么都不能代表长大，抽烟除了让你在胃里空空的时候，用呕吐感取代饥饿感，或者让你从焦躁情绪中暂时解脱，并没有什么实际作用，当然无端被上升到成长之类的精神层面更是扯淡的事。这是一种相当没有性价比的商品。

每当戒烟的时候我总对别人说是因为想摆脱颓废的自己。这一切仍然说明我是多么善于给自己贴标签。实际是因为听说抽多了生小孩会是兔唇。所以当你有勇气接受赤裸裸的现实，一切即变得俗不可耐。

结婚当然也无法毁了所谓的自由，否则华莱士在电影结尾应该为了离婚而喊着 freedom。如果是个热爱自由的人，就该去找能够给予自由的爱人，否则就选择离开。

我想着这一切，望着指间快要燃尽的烟头，发现这也是自己曾经觉得一生不会与之相关的东西之一。

那天是我的签证上诉开庭的日子，阿关陪我一起去 Old Bailey 的法院。

一早上的混乱法律程序之后我从法院出来，绕过安静的树丛和小路，看见阿关坐在一个 cafe 的窗口桌边，面前摊开一本厚得像砖一样的英文法律书在看，皱着眉头神情专注。我走到窗边敲了敲窗户，他抬头看见我在窗外傻笑，就从身边拿出一个汉堡和一堆薯条，示意我进去。

怎么样结果？

我故作忧伤，“不怎么样啊，可能就被拒掉了。”

为什么啊?！你怎么跟法官说的？

我咬了一口汉堡，“我说有个傻鸟在等我，让他快点。”

阿关无奈地看了我一眼，“就该把你遣送回国。”

记忆中那天阳光很好，天空瓦蓝，回去的路上等红色双层公交车，左等右等不来。阿关说，不然走回去吧，也不远，我带你走一条路。然后拉着我的手，轻轻晃悠。我在阳光中眯缝双眼，走过开满野花的弯曲小路，穿过斑驳的桥洞，看见模糊或者鲜艳的涂鸦在明暗交错的阴影中——那是铁轨的影子，桥洞上方是一条铁路。

火车时而从头顶默默地开过，发出有节奏的声响。

阿关说，停下抽根烟再走。

我们趴在栏杆上，被阳光照得饱足的蚊虫，在身边慵懒地飞舞，周围满是叫不上名字的花朵。

阿关边点烟边问我，你知道这是哪里吗？

不知道啊。

没觉得眼熟啊你这个呆瓜！

是我们那天迷路走过的地方吗？

对的，就是我第一次住你宿舍那天，我们喝醉了，你不是一直说怀疑根本就没有这个像发条橙电影取景一样的桥洞吗？我那天找到了，真的有。不是喝醉记错了。

那你亲我也是真的吗？

阿关笑了，那是记错了，我有亲你吗？那必须是记错了。

这个画面很像某个日剧，火车，蓝天，桥洞，水塔，阳光斑驳的小路。《猫的报恩》？还是什么，想不出。我用指甲把烟头弹向远方，在铁轨旁边的桥上拥抱了阿关。对他说我的导师 Phil 前几天第一次夸奖了我的方案，法官也开始审理我的签证的上诉文件了，我第一次感觉身体里鼓胀着某种希望，我决定从现在开始积极地面对生活，做一个他希望我成为的人。

我希望你成为什么人？

你不是不喜欢我什么事都不在意，不喜欢我喝醉么？

我只是不喜欢你对谁都那么没心没肺，你要学会拒绝，对个别傻逼要板起脸。

也好啊，我尽量。

我相信你，可是为什么今天突然这么乖？

我笑笑，你知道吗，这是你头一次，走在路上，拉着我的手。

阿关在阳光下皱了皱眉头，“你也知道我不会表达。其实我自己偷偷找了很久才找到这条路，因为这是我们的路。”

“我们的路。”我重复他的话，想起了岩井俊二的《燕尾蝶》里 Chara 的歌，笑起来，歪着头问，“*my way* 吗？”

呵呵，our way！

想起那个遥远的雨夜，和阿关在 Max 楼下望着雨水抽烟的夜晚。湿冷的灯光扑朔迷离，我们手脚冰凉，思绪凌乱。做着同样的事，想着不同的人。

冷空气中的尼古丁，他呼出，我吸入。

我曾多么没有方向。

远处阳光美好，松鼠跳跃，跳过雨水消融的痕迹，Hawkridge 在蓝天的背景下高大憨厚。

10

对于纪泽来说，司思虽然没有夺走他的贞操，但是绝对夺走了他的节操。自从认识了司思，他的肉身虽然仍然留在这个盛产土豆和基佬的伟大国度上学，三观却就此打包回了宝岛。

纪泽是台湾的书香门第，父母都在台大教书，从小温良恭俭让，家教甚是严明。每次和同学喝咖啡，话题都陷落在毕业率的怪圈里从未踏出过半步。自从在pub里被司思莫名地抱着大哭之后，他终于从一个怪圈走入了另一个怪圈。几天之后司思生日，他应邀前往。在超市转了几大圈，司思烦躁地说，不然买pizza吧，我不会做饭。他便羞涩地微笑，说，不然我试看看。

Tony什么时候开始给你当厨师了啊？趁纪泽在厨房做饭，我拉住司思问。

她却答非所问，有气无力地望着我，“你来我家给我过生日夏至知道么？”

那天司思喝得不省人事，倒在地上爬，后来四仰八叉地躺着学志玲姐姐的娃娃音，喊着夏至的名字。方佳急忙给当事人打了电话。夏至赶来的时候司美眉已经开始了第二乐章，整个人把纪泽压在身下，含含糊糊地大喊着，“你想上我吗？租房子的哥哥不要我了，谁想上我都可以。”租房子的哥哥是司思对夏至的爱称，大致源于他们的初见。

租房哥哥只进屋看了一眼，就绕出门去在外面抽烟，见我跟来对我说了句，“让里面的人都走，我留下陪她。”

闲杂人等散去后，夏至把司思从地上抱到床上，抱到半路司思一呕一呕地要吐，他就扶她去厕所。司思在马桶前吐了个六亲不认，死死抓着夏至的胳膊大喊着让他滚。夏至边帮她擦嘴边说，你知道我是谁啊就让我滚。司思说知道，是大傻逼。夏至说你骂我我可走了啊。司思抱着马桶头晃得像狗尾巴，说，走啊快滚啊。夏至说，我不走，除非你说你不爱我。

司思突然跳起来，一抖一抖地满脸眼泪，指着夏至哀嚎，“你让我在门口坐了一夜，你心里到底有没有我！我告诉你，我不爱你了，从今天起老子他妈的不爱你！”

夏至像被什么东西打中了一样停顿了一下。沉默着站起来，沉默地箍住司思的手腕把她拖回房间，沉默着从厨房拿出那瓶两人买来本来准备生日喝的轩尼诗。

他把她放在沙发上，自己靠在沙发另一头，低垂着眼睛不看她，自斟自饮地喝完了那瓶昂贵的酒。他感到整间房子开始竖起来，很快不醒人事，只记得眼前橙色半透明的杯子上，自己阴郁的脸在晃动。

11

半夜司思似乎有一个意识恢复的瞬间，之后她一直不清楚那是真实的还是她的幻觉。

她只记得头像炸裂一样眩晕，黑暗的四周，空气里充满凛冽而温热的酒气，窗外是夜行的车辆，露宿街头的孤独和无尽的黑夜。可这一刻对她来说已经不再重要，夏至用酒醉后的嗓音重复地问她爱不爱他，并且表现出从未有过的、爆炸一样的绝望。他的绝望，强悍如同潮水一样一波波将她淹没，让她泪流满面。

青春的人儿啊/ 想想一个人的十年会怎样/ 足够让许多选择发生,许多人事来来往往/ 此刻你深爱着的啊/ 是那多少个十年后的少年/ 他是否依旧那么年轻,是否依旧那么热情/ 透过窗外夜色的迷雾/ 和丝绒般光滑的肌肤/ 我深深地亲吻着你,在这夜色不安的城市里/ 和你在一起我已经/ 快什么都已忘记/ 每一个甜蜜的瞬间,我只想这样拥抱着你……

——声音玩具《秘密的爱》

说你爱我,告诉我,你还爱我。

一瞬间滑过眼前的是初次见面时候他明朗的笑,《阳光恰恰》的音乐声中,他下楼了,自己跑到窗口偷看他。他边走边吹着口哨,她确定他没有回头,可他吹的口哨,抑扬顿挫的三声,分明就是“I love you”;她想起那个夏末最后的阳光,她结结巴巴地站在他面前向他描述可怕的黑人大叔,他看着她,眼神里一丝不羁的嘲笑。她在想,你不知道我喜欢你吗?她想起那个提到小草的晚上,皎洁的月光从窗帘的缝隙里飘落到房间的木地板上。他摸到她在黑暗中满脸的泪水。他忽地坐起,扳过她的身子。她的眼睛暗淡,迷茫地望着他,像空气中弥漫着的,潮湿的洗发水的味道,带着绝望的凛冽的清香。她说,你爱我吗?

然后她听见他说，也许吧。

12

“夏至，那晚我梦到了我们的未来。

我戴上你的钻戒，看着阳台上自己晒起来的床单，阳光静默而温暖。我把鼻子贴上去，你所有的衣服上都是洗衣粉和烟混合的味道。于是我把整张脸都埋在床单上，用手指拽过它的一角，把自己整个裹进床单里，裹进芬芳的阳光里旋转。

然后我又问你，你爱我吗？

你仍旧说，也许吧。

我于是倒退着离开你，绝望而柔情地望着你，一切如同回到了一个古老的时刻，我期待着你的挽留，你却冲我挥挥手，不愿给我丝毫的安慰。

也许那个酒醉的夜晚只是一场幻觉，但是，我还是愿意相信它是真的存在过。我愿意相信你是真的不愿离开我。

我愿意相信誓言，无论是北京，东京，还是加拿大的极光；无论是戒烟，不再迟到还是送我钻戒；无论是下一次惹我生气会主动哄我，还是以后一定尽量温柔地对我……

有时我真宁愿看过世界上一切动人的景象之后变成个瞎子，只要依然能听到歌声，能听到情话。

以及你对我说的那些，从未实现过的誓言。”

13

说，你离不开我。

司思嘻嘻笑着揪起夏至的领子，逼他说离不开她。

哦，你离不开我。

不对，是你，离不开，我。

嗯，你离不开我。

讨厌，说一下嘛。不说我生气了。

我说了啊。

老公，乖，就说一次好不好。

我都说了两次了。

不是，按我说的说。

我怎么没按你说的说。

说，“我离不开你”。

我知道你离不开我。

猪！！！

14

四月初的伦敦，天气温暖而舒适。

没有灼烈的阳光，慵懒的白云却时不时飘过头顶上的那一片天。

宅在家里的第四天。只刷牙，不洗脸。去后街的阿三店买一磅一盆的蔬菜。持续碰到不用化装都可以演猪八戒的马来同学。阿三店里总有挥之不去的怪异味道，蹲在地上挑朝天椒，仰头看见远处的烟囱无声地冒出白烟。太阳晃花了我的眼。

没有阿关陪伴独自买菜的时候，出门轻轻顺走一把迷迭香或者九层塔。回家路上揉碎，开心地闻着手指间的小罪恶。

司思来找夏至的下午，Hawkridge A12 总是格外热闹。有时整个宿舍倾巢出动去打篮球。司思投篮不进的时候，夏至会在旁边从容歌唱“矮呀矮子哟，矮呀矮子哟”，然后当晚就会听到 4 号房里男人痛苦的嚎叫，令人不寒而栗，浮想联翩。

隔壁仍然时不时地传出法国美眉的大笑声。

这是她来自普罗旺斯的小帅哥拜访她的第三天。

虽然偶尔会干扰阿关复习考试的思绪，却依旧希望隔壁的他们爱情有果。

厨房终于会飘出中餐之外的奇异香味。能有男人把食物端到床前的美好生活着实令我望洋心叹，无言的羡慕。时常照着镜子，感慨同样是妞，为何自己这般命苦。感慨完了又在万人鄙视的气氛中，纤腰柳摆地摆向厨房，煮起噗噗的绿豆汤。

阿关的嘴里长了溃疡。

他总在看书的间隙望着我说，呆呆过来给阿关抱一下。你要抓紧做设计，别忘了。

爱情和争吵滋润了四月的 Hawkridge。

春天就这么过去。

十二

1

捏出“尼玛”的当天我笑逐颜开，拥有了百年难遇的好心情。蹲在地上足足盯着他看了有半个钟头，认为这样下去将因为亢奋而不能入睡，于是就去冲澡。洗完澡之后又全裸蹲在满是粘土渣子的地上给司思发短信，似乎已然遗忘了当时是夜里三点这个事实。更为夸张的是司思居然瞬时回了我的短信，她说，姐在喝酒，来吗，不来一枪毙了你。

但就算她用B52对着我，我想我也得睡觉，因为我要在最短的时间里带着尼玛去注册，是的，天亮了，当太阳的光芒似有似无地爬上我昏昏沉沉的脸，我就要翻身跳起来带着我粘土做的小河马去注册。因为我要用知识产权法保护他，我要把他变成商品。我知道你一定又要对我说“这是你的爱情，你该像个徽章一样把他悬挂在只有你自己能看得到的地方，商品是用来出售的”此类的感慨万千的话。我知道你急得恨不能立即对我唱起《爱情买卖》，唱到动情处可能还伴随着，或者不伴随着，你被我的爱情感动而流下的鼻涕眼泪。

可我只能对你说把它擦掉吧，餐巾纸一块钱一包，抱歉我不能买给你。因为理论上讲现在我必须站在 ATM 机前，面对我工资卡里负增长的数字。我要为了该不该多买一盒丙烯颜料，杵在货架跟前像个白痴一样浪费无数分秒的人生。没错我要生活，我是一个穷逼吧啦的爱情的殉道者。在微博上看到一个高二的女生怀了男友的孩子，说要悄悄生下来。我竟然胆颤心惊地感到自己和她在同一个战壕里，而我坚定地握着她的手说，“娜塔莎，别害怕，革命之路还很漫长，我已经把孩子生下来了，他是一只河马。哦错了，对不起我穿越了，这不是演戏，你也不是娜塔莎，你和我一样只是一个不现实的小傻×。”

2

我在带着尼玛去注册的当天晚上给阿关打了一个电话。因为他主修的是知识产权法，我要问他有关这方面的问题。

嘿算了，别又被我骗了。我已经有快要一年没有和他联系，像他以往任何一次离我而去那样，我屏蔽了相关他的一切。只是这次较为漫长，像八小时之外的过去一样漫长——即便如此我仍有信心屏蔽掉它，如同那些我所经历过的人生里，每次撕心裂肺的感受和记忆一样，将之钙化——只是现在不。

电话接通的时候他显然是从睡梦中惊醒，他说，呆呆，怎么会是你。

我对他大致说了小河马的事。他说，我能买到吗？我说能，会员价。他说那你现在注册成功了吗？我说还没有，没有人重视他，我也不了解相关手续，就一次次去问。今天刮很大风，我带着他过马路的时候，他被撞掉了一只耳朵。

他突然说，谁陪你做这些？

我说，没谁，我自己。

沉默了一会儿他说，真可怜，小河马耳朵掉了呆呆一定很难过。

我说，我不难过，我自己粘回去。

电话里淅淅沥沥的雨声，我猜想他所在的城市应该在下雨。过了很久我听见他哽咽的声音，“你别说了，你明明就是很难过！”

我说，你记不记得，有一天下午，我们去看租房。那个地方叫做 White City。百无聊赖的公车时光，你望着我说，再学个河马给我看看，我就鼓起嘴。那天我对你说，如果将来有时间，我一定要设计河马家族，阿关你会支持吗？你说，会永远支持。

他说我记得，我都记得。他在电话对面泣不成声，忽然对我说你快挂电话，我要睡觉了，不要跟我提伦敦的事，你不要再跟我提伦敦的事！

3

吃掉撕不开包装的三明治，烧掉贴在墙上的海报，掰碎烤糊的饼干，换掉桌面上的皑皑白雪，扔掉失水的野花，抛弃掉了扣子的衬衣，忘记泛黄的明信片，烧掉无数的便条，车票，门票……又怎样，这些都是不值钱的东西。毁掉它们，是不是就能删除这段记忆？

2010年，我们不是名人，我们是实实在在的小人物。我们是连张车票都不舍得买，在平安夜走过牛津街的小人物。我们是半夜三点在sale的大字下面照相的小人物。我们是对着奢侈品比中指的小人物。我们是走到哪里都要挤在一张小床上拥抱入眠的小人物。

也许小人物的爱恋就像是胶片机拍出的照片。胶片总是有这样的不可窥探性。没法删除掉不满意的照片，没法及时看到上一秒的表情。人们却对冲洗出的照片倍加珍惜，尽管看见它们，遗憾，指指点点，贴近的一瞬，莫名叹息。

4

2009年秋天的一个夜里，我站在窗边，望着远处星星点点的灯火，忽然转过头，像那只夜游的小猫似的茫然不知所措。对他说，阿关，你今天别回去了吧。

我听到咔嚓的声响。

上帝戏谑人间，用胶片机拍了一张照。我们谁也不知道，照片上的内容。

然而生活在那一时刻，原本有着无数种可能。

5

夏天来到之前阿关退掉了自己的宿舍，搬进了Hawkridge公然和我同居。一时间所有绘声绘色的流言消失得无影无踪。

在这件事情上，我和阿关产生了很大的分歧。说说有关我和他之间的流言吧。因为八卦从不同的人嘴里说出来总是会走不同的路线，所以仅“火警响了我和阿关一起从他宿舍走出来的故事”就分为了两个版本，一是说我和他一起穿着睡衣跑了出来，二是说我和他一起穿着内衣跑了出来。阿关对此表现得颇为激动，青筋暴起。我却泰然自若地边涂指甲油边说，“谣言啊谣言，其实我和你明明是光着身子全裸着从窗户跳出去的。”

你怎么这样啊。

我怎么了？

这种事情不好被别人乱讲的吧。

名利于我如浮云，爱说说去。

那你也太浮云了！

你不是喜欢摇滚吗，摇滚精神是什么，是他妈越摇越精神，摇完赶紧滚。另外，我平淡地望着他说，“你让我想起了几年前我在杂志上看到的一句话，‘摇滚人其实一点也不摇滚，摇滚人还没有他们的女人摇滚’。”

6

不知为什么，我总是会不自觉地想起这样一件事。

冬季旅行的时候，从华莱士的山顶高塔上下来，我看到一块突出在外的悬崖，走过去张望，然后在雪地中发现了一条蜿蜒的小路。我不知道那路通向哪里，但这着实令我激动。我说，我们应该沿着这条路走，为什么一定要像所有游客那样走主路下山。阿关阻止不了我，而每当他阻止不了我的时候他就会露出一种烦躁的神情。从前我总是认为这神情是出于控制欲失效，后来我发现不是这样。

这种神情还出现过。那是清早我和他两个人在苏格兰湖区爬山，我又指着大石块堆砌的墙说，“我们翻过去！”他不阻止我，他只是神情古怪，说不要吧，干吗不走主路。翻过墙之后，面前是一个豁然开朗的世界，满山随风狂舞的绿色长草，长满苔藓的石块堆砌的围栏，呼啸的大风中一棵高大古老的树。我抓着长草向山上爬，长草的中间夹杂着色彩艳丽的毒蘑菇。我边爬边冲他大喊，“听我的没错吧！你沿着台阶走，哪有这里好玩！”

可我却看不到他脸上的激动，尽管他也玩味其中，整颗心满溢着激情和刺激，可他尽力压抑。是的，就像那次在Strling的雪地里——因为听了我的话走小路，走进一个长满榉木和白桦的森林，地上有溪流，枯木横陈，阳光和松鼠一起轻快地跳跃。我拍着手大叫，“会碰到七个小矮人吗?”他烦躁不堪，他紧张不安，甚至冲我大喊大叫。

是的，就是这样，他因为做了计划之外的事而暴躁不堪。

同时我也明白了他那古怪的神情是怎么回事，不管他承认与否，他在嫉妒我。

一颗长在框框里的植物，每当他想要长出去的时候，撒旦小鬼儿都会趴在他的窗前告诉他，怯懦是人类最大的缺陷。

没错，怯懦。

从我认识阿关的第一天起他就常常说，他要在东欧的妓女大腿上吸大麻，他要找个人坐在房顶上喝着啤酒看对面的火灾，他要爬喜马拉雅，要去非洲，诸如此类等等。而这一切，我逐渐发现，即使他不愿面对，但确实的，他做不到。这是一件荒诞的事，一个连“和自己喜欢的女人同居”都怕人知道的人，居然四处宣传自己要泡妞吸大麻。假使他连一条脱离主路的小道都不愿尝试，我不认为他会不工作不养家去爬什么珠穆朗玛。其实一袋五毛钱的袋装酱油和一瓶20块钱的咖喱老抽并没有区别，阿关的表现是，怕被前者齁死的同时，到处跟人说他把后者当水喝。

如果一个人的人生根本就是A推理到B，B推理到C的过程，你可以说这是计划与平稳。是的这没什么不好，可是阿关恰恰不愿让别人知道这件事，我是说，他不愿让他人了解到自己正怯懦地在康庄大道安稳地行走，而要千方百计让人以为他已经跳到了梁上。

这很有趣，我是说，当我发现一个人刻意强化外在的包装，是为了不去面对赤裸裸的真实世界。因为真实的东西总是粗糙庸俗令人难以接受的，更可怕的是，有的时候你还要被迫接受你自己，确实，就是，如此这般的人。

7

炎热的夏天我和阿关爆发了同居的日子里最为壮观的一次争吵。我像一个恶毒的泼妇指着他说他是个装逼成瘾的人，一字一句地说出了那些他最不愿面对的事实。这简直如同一个性无能当街被人说不能勃起一样令他爆炸。

阿关搬来我宿舍后的一天傍晚和 Linda 去了一个外国交换生搞的 party。起因是他把他在宿舍喝完的罐装啤酒拍了张照片发到了校内上，立即引发了蝴蝶效应。Linda 第一时间如痴如醉地留言说，那照片让她想起了她和友人驱车旅行，车抛锚在雪地中，于是一行人围着暖炉看碟片，觉得这样的生活很疯癫。翻译成人话就是，大雪天开车熄火了，冷的没事干只好看了个片，看完莫名其妙觉得自己很牛逼。于是两人一唱一和地酸腐对话一番，终于勾搭成奸，一同跋山涉水翻山越岭地奔赴一个遥远的地方。我是说，不吃不喝跑去一个死远死远的酒吧参加一个和一帮不认识的人干站在一起喝酒的活动，以证明他们的生活确实很疯癫。

吃完晚饭后我送他出门，自己在宿舍楼下找了个地方站着乘凉，远处有几个无聊的外国青年冲我吹口哨，我木然地看着他们。我似乎永远无法对突发事件做出应有的反应，从小到大都如此，就连被人表白的反应都是抬头，像被涂了满脸糨糊一样的说，啊？仿佛在模仿那些日剧里的大傻妞，不管别人说什么都张着嘴回应，纳尼？

突然身后阴风阵阵，同时伴随着“baby，baby，baby 哦”的歌声，我回了头，看见夏至的背影，已疾走出五米有余。我叫住他。他惊讶外带失望地看着我说，“呃，是你啊。”

是我怎么了。

没怎么，我刚路过看见有个黑暗中的妞貌似还不错，我就唱一嗓子想看能不能回头。

还是英文歌，你这个资本主义的臭狗腿儿。

唱来唱去结果是你，顿时白唱了，擦，无趣的夜晚。

他问我干吗呢，我说安藤和 Linda 去 party 了，我闲置。他就说那要不去 Bond Street 走走，看看资产阶级的高富帅是怎么腐败的。我说成，让你这种矮穷挫也受受打击，好发愤图强，振兴我中华。他说，发粪涂墙这种事还是您来吧，司思都傍上“台独”分子了，你还不赶紧的。

我俩你一句我一句地抬杠，说说笑笑，转眼就到了牛津街。伦敦的夏夜分外凉爽，牛津街也和任何一个首都的街道一样散落着各式各样的外来人员，他们来自老少边穷的亚非拉美地区，我和夏至也是其中的一分子。夏至说请我喝“高级外国麦乳精”，在 Costa 买了两杯白咖啡，我俩一人一杯地蹲在街边盯着来来往往的路人看。他突然说，“我现在发现你是一贤妻良母型的，安藤怎么那么爱跟那个 Linda 瞎混，而且回回出去都特别高调，你怎么跟没事儿人似的。”

我说，那我该怎么像个有事儿人？

"反正我觉得你特别淡定，我敢多看哪个妞一眼，司思都得逼我挥刀自宫。"

我笑笑说，"关键他爱干的那些事我陪不了他，我觉得那是瞎耽误工夫。那既然这样，有人陪他，我还省心不是么。"

"这不是重点，重点是你的面子往哪搁。"夏至比我还着急，"我多嘴，不过我真觉得安藤每次和她不论是去哪儿玩，还是抽个水烟什么的，都在校内上张扬，这他妈是个特别奇怪的事。"

"哎呀，没看出来，原来你和我是一头的。"

"我靠，没人和你一头，我就是站在一个中立的角度上，觉得他动机特别不明确。另外站在一个正常男人的角度上，我不能理解他！你说他泡妞吧，有这样'敲锣打鼓'去泡妞的么？唯恐别人不知道他去哪儿了。而且，"他看看我，"别嫌我说话不好听，咱们楼的人都知道你俩在一起了，他老这样，别人该把你当傻逼了。"

作为著名的毒舌，夏至曾经总结阿关和 Linda 两人实属并肩作战的同类。

"他俩那简直了，"夏至叼着烟坏笑，"一个是只关心八卦的女傻缺摇晃着 party animal 的小彩旗，一个是中规中矩的学院派书呆子挥舞着摇滚的小尿布。然后一拍即合，组成了一个'假 high 小分队'，我都不忍心多看第二眼。"

"那你前几天还夸 Linda 好看来着。"我对夏至居然能与我极力掩饰的内心产生共鸣表示讶异。

我那是给丫面子，瞧丫那装腔作势的造型。

正说着，夏至的手机响了，我看见来电显是“宝贝疙瘩”，出于本能多看了一眼号码。不是司思的电话。

他跳起来走到远处接了足有半个钟头，回来时候全身上下都刮着心虚的小风，没话找话地问我哪有卖苹果的，说自己突然想吃苹果。我说，“别装了，买苹果，还买 IBM 呢。你老毛病又犯了吧。”他说没有，就是一起打工的学妹，有正事问他。

我和他买了苹果坐 C2 到 Camden，懒得倒车又人手一个苹果地边啃边走回了宿舍，到屋里已经一点了，钥匙插进锁孔的一瞬间，我意识到阿关还没回来。掏出手机拨他的电话，无法接通。我就给 Linda 打了一个电话。没记错的话这似乎是我到那天为止和她能进行的最长的一次对话。整体内容如下——

Linda：hello？

我：你好，请问是 Linda 吗？

Linda：对，你是哪位？

我：哦，我是 Brian 的朋友，嗯，就是 Cherry，我们见过的。

Linda：哦，什么事？

我：他手机打不通，我想问下你们 party 结束了吗？

Linda：结束了。

我：那他这会回去了是吗？

Linda：回去了刚走。

LZ：行，那谢谢你。

话说到这，那边就吧啦挂断了。

纵观我的此次通话，符合以下几个特点，措辞客气谦和，没有挑事，没有人身攻击，我甚至说，我是阿关的朋友而没有说是女朋友，这是因为怕她产生“查岗”之类的不适感。但Linda从头到尾语气都很冷酷，让人疑心其奶酪火锅吃顶住了不消化。

十几分钟后阿关回到了家，讲了讲party上的趣事，我们便洗澡刷牙相安无事地进入梦乡。

匪夷所思的奇闻发生在第二天早上。

起床后阿关打开电脑看校内，看着看着突然满脸发青，好像眼看就要突发心脏病心肌梗死。起先我没有注意到他，后来看他动作夸张地扔下面包，怒气冲天地去厕所，这才发觉有异。绕到电脑跟前看了一眼屏幕，他校内的留言板赫然就在眼前。

Linda的悄悄话——话说昨天我们分开以后，有个妞短信电话地轮番轰炸我，语气极其不客气！这是什么人啊，你的相好吗？

8

2010年伦敦的华人圈里开始逐渐风靡一种叫做三国杀的游戏。这是一种相当没有技术含量的游戏。当然，我是一个庸俗的人，我和所有的俗人一样，喜欢把自己不擅长做的事都贬作狗屎一般，以此来证明并不是自己不能驾驭它，而是它太低端了，以至于自己不屑驾驭。

这是偷换概念。

我最早发现人类的这个共性是在小学。那时候我们班特别流行看三维立体画——就是一种看起来杂乱无章乱七八糟的色块拼成的图画——但只要你调整你视线的焦点，例如，把一根手指看成三根的视点，就能看到画面上呈现出立体的图案。但似乎不是每个人的眼睛都能做到虚化视线焦点，于是会有半数以上的人看不出画面立体了以后变成了什么东西，例如我妈。而另外二分之一的人则会因为轻而易举地看破玄机而大肆炫耀，高调将他所看到的画面描绘得灿若夏花，例如我和我爸。

因为自己看不到那个传说中的美好世界，我妈不甘受辱，便就此断言，所有能看到什么立体画面的人都是脑子不够用的人。

此后她还有过多次类似断言。例如，所有炒股赚到钱的人都是脑子不够用的人，所有毛衣织得好的人都是脑子不够用的人。这些脑子不够用的人却在她所无力驾驭的领域里如鱼得水，挑战着她内心的平衡。

我第二次发现这个问题是上中学。

我的班主任是语文老师。作为语文课代表的我，因为和他吵架，令他整整一节课都没有上成。对于一个非常敬业的教育工作者来说，没有上成一堂精心备好的课，就如同一个色魔没有上成一个精心泡到的妞一样。二者共同特点表现为，当场蛋疼菊紧，满脸杀气，内分泌失调，怀恨在心，扬言报复。

追溯吵架的原因，是当时的一个关于韩寒的电视节目。班主任问谁看了那个节目。很多只手举了起来。班主任说，那你们说说看完什么感受。大家就分别说了说。然后班主任说，我来说说我的看法——我从来就没有见过一个如此狂妄自大的学生！！！目无尊长！！！口出狂言！！！这样的人就算现在写得出两篇文章，我看不出几个月就会销声匿迹！！！（此处省略一万字）然后班主任又说，有没有人有不同意见？适才举手的众多同学瞬间同时不举。

那节课是我生命中最积极发言的一堂课。积极发言的程度，达到了可以导致班主任鸡鸡发炎的程度！我慷慨陈词与之辩论，大有“我自横刀向天笑，去留肝胆两昆仑”的架势。班主任不甘示弱，教学多年攒的大气倾巢而出，每一轮发招之后都会问，小青，你还要替韩寒说话吗？我点点头，无辜地站起来说，那我再说两句……辩论到最后班主任景涛附体，小宇宙满教室乱飞，伴随着下课的铃声把讲台上积攒千年的粉笔灰拍得漫天飞扬。指着我狮吼一声，你给我坐下！！！放学到我办公室来！！！

若干年后我终于明白他为什么生那么大的气。因为他曾教育我们要做一个踏踏实实的人，永远跟着头羊向前走。因为他自己一直以来即是如此，连数学书都一字不漏地背过。

一个按部就班的人，便不能接受另一个人居然做了自己做不到的事。

韩某人将班主任心中的平衡杠杆无情地掰成了两截，做成弹弓往他脑门上绷石子。于是班主任编造出无数上升到道德层面的借口，将其痛打一番泄愤。

9

当然，既然这是人类的劣根性，我不能说我从来不这样。恰恰相反，身为一个不思进取的无耻之徒，自从三国杀这个游戏引入伦敦市场，由于我妈遗传基因的强大影响力，我每日必讲的一句话就是——

所有三国杀玩得好的人都是脑子不够用的人。

10

那天早上看到 Linda 的留言之后我陷入了人生的低谷。

我被人诬陷了，我觉得我应该立即把衣服塞进一个落魄的行李箱，不，应该是一个更为落魄的蛇皮袋，然后潜逃。是的，在阿关找我兴师问罪之前逃离这个是非之地，像电影里那些含冤待雪的悲情主人公那样，义无反顾地走上盲流的不归路。

等一下，瞬间，我的元神归位了。从毛里求斯共和国度假完毕，回到了我的身边。

我为什么要逃避，我是正义的一方啊。我没有做过她所污蔑我的那些事。我的一腔善良遭到了别人的恶意编造，胡说八道，事实受到了歪曲。我应该代表月亮消灭谣言，我必须义正言辞毫不犹豫地打假，方显我军正气。

但我没有找到机会，因为我是无意中看到那条留言的，除非阿关质问我，否则我没有理由说，我偷看了你的校内留言，哦不不，我没有偷看，我只是，我其实，我理屈词穷。于是我巴望着他能揭竿而起，率军狼烟四起地向我兴师问罪，然而，他却整整一天都没有主动提起这件事。

直到晚上做饭时候，才拉开了本场战役的序幕。导火索是方佳突然冲进厨房，对阿关喊了一声，“Brian，求桃!!!”阿关就把锅放在炉子上神魂颠倒地随她而去，离开了厨房。当时炉子上有三个锅，一个在炖汤，一个我正在炒菜，还有一个是我让他放上去烧水的。烤箱里还热了剩菜。我是说，我一个人照顾四个炉子，手忙脚乱！锅里的菜还没盛出来，汤就突然溢进了炒菜锅，油星一下就飞溅到脸上。这在此时，突然闻到一股烟味，我刚刚蹲在烤箱前，急忙起身，看见阿关之前放在炉子上的锅在浓烟滚滚中危在旦夕。

他忘记放水进去，把锅放在炉子上干烧，自己就去玩三国杀了——他三国杀是高手，每天都在我面前耀武扬威。

我火冒三丈！连同这些天对三国杀的怨气铺天盖地席卷而来！冲出厨房，冲进走廊，运足内力大喊一声——安藤!!!（请想象包租婆咆哮的气势）

但是毫无动静……

这时有个来方佳房间做客的女生看见我满头头发乱炸，两眼通红地站在那里，说，找安藤啊？我帮你喊！然后仰天长啸——安藤!!!!!!（请想象包租婆的气势X2）——她明明不知道我要找阿关的原因，就能瞬间飙高到超越我的愤怒，我被这种不分青红皂白助人为乐的精神深深地震撼了！

但是可喜的是，阿关依然没有出现。

那个女生正准备蓄力狂喊第二轮的时候，男主角终于现身。我扭头冲进厨房，阿关跟了进来，很烦躁地说，干吗啊?!我回头说，你有没有责任心啊，我让你烧水，你看锅烧成什么样了。我自认为这句话包含三个特点：一是在阐述一个事实，二没有人身攻击，三没带脏字。然而这么和平的一句话却戳到了阿关海拔极低的怒点，导致他突然暴跳如雷，伸出罪恶的手，拿过那个冒着青烟的锅，大步流星地走到水池边开始洗，洗着洗着，突然哐的一声巨响，把锅扔到地上，转头就走。

有句话叫气不打一处来，用于此处实乃点睛一笔。终于我那来自四面八方的怨念凝聚起来，五十六族语言，汇成了一句话——他摔锅了！

没错，摔了锅，理论上和气势上来讲，都已经占尽上风。因为摔锅表达了一种复杂的情绪，一种受委屈，忍无可忍，和厚积薄发的，多层面情绪。并且给观众造成强烈的听觉盛宴——这就是时下流行的，"千层饼吵架法"：多层面，多情绪，多角度，不废话，一摔中招。他们的口号是，今天，你摔锅了么？

当时我和阿关之间的距离目测有两米，我被他这种先发制人，猪八戒倒打一耙的行为瞬间搞得有点不知所措，但我毕竟是我，身经百战的小青不能输给一个凡人，那岂不是太没面子，岂不是要满地找脸！

我定了定神，观察了一下自己手边可使用的道具，发现自己拥有三个锅。当然这一切只花掉了千分之一秒。我瞬间做出最精准且不失水准的判断，当机立断端起那一锅正在炖的汤，一个撒手甩到阿关眼前。

顿时汤汁飞溅，锅在重力加速度的影响下发出更为惨烈的声音，视觉听觉双重加分。阿关凶神恶煞地回头盯着我，我用轻蔑的眼神回敬他——这分明就是顽胜的眼神！

11

汤锅着地，阿关怒目圆瞪地迈着虎虎生风的步伐向房间走去。

两人一前一后走到房门口，突然发现没带钥匙，刚刚在厨房做饭的时候把钥匙放在厨房了。阿关突然回头大喊，你跟着我干吗！！！跟屁虫啊！！！

这一嗓中气十足，声传万里，内功修为一看就不低。立刻邻居们纷纷探出头来，包括法国美眉和她的普罗旺斯男朋友，非洲胖子以及一些此类听不懂中文的国际友人们。我一看不能丢人丢得这么国际化，也咆哮，“我回我的房间！！！谁跟着你了！！！！！”阿关脸红脖子粗地推开我朝刚刚玩三国杀的那个房间走去，这一行为更是火上浇油，一时间我感到长久的委屈排山倒海，三步并作两步，也冲进了那个房间。

进去以后突然惊悚地看见，他们没有在玩三国杀，地上有一个组装书柜，装了一半还木有装完，摇摇晃晃的，两个人扶着，地上扔着说明书——原来方佳说的“求桃”，是指让阿关去帮忙装书柜，不是玩三国杀——这一发现令我瞬间理屈了一截。

这种心理上的变化对于白热化状态的吵架是非常不利的，俗话说，无理寸步难行——人家是来助人为乐的。我有一种悲催的、瞬间气短的感觉，不知道是该继续狂吵，还是变身怂炮。这就好像突然发现一见钟情的男人是个 gay 的一瞬间，有点反应无力，不知道是该继续痴迷，还是转身离去。

正在这个时候，阿关给了我继续吵架的勇气。我冲进屋子的时候，里面的人齐刷刷地看着我，阿关突然对着我发表感言，“我靠，你这个女人还真是难理解欸！你他妈的觉得我没责任心老跟着我干吗呢？神经病!!!”

这句话掀起了正反双方辩友进去攻辩阶段的序幕。我当众被折了面子，不回击还怎么在江湖上混。于是我拍案而起，“你说谁神经病！你他妈的才是神经病！锅都烧冒烟了！我就说你怎么了！你个傻逼懂不懂什么是责任心！我说的就是你！”

阿关原形毕露，狂吼一声，“滚你妈的!!!”同时无情地对我竖起中指。

此国际通用手势一出，在场观众，国人也好，国际友人也罢，立即无人不知无人不晓吵架的内容。阿关紧跟着补充了一句自以为功德圆满的话。

我看你不仅是跟屁虫，还是监视狂！

我凭借女人本能的直觉认为此句话中有话，追问，你什么意思？

什么意思你自己知道！

我不知道！！！

阿关当时站在那个半成品书架的旁边，一字一句地说，好，你不知道。那我问你，你昨天晚上给 Linda 打电话炮轰人家是不是？！！！

12

记忆中那天我哭到嘴唇发抖，阿关两手一摊，誓死顽抗。我把手机摔到他怀里说通话内容无法复制，但是我要有发一条短信炮轰她我就倒立着爬到大本钟。阿关说事情都发生了，你说你的她说她的，谁都说不清楚。我说怎么会说不清楚，你每天跟我呆在一块，你不了解我是个什么人吗？他说我当然了解你，你是个小女人。

我急怒欲狂，冲着他大喊，你根本就不会看人！你连谁在搬弄是非都没有弄清楚！我如果要炮轰她，我一开始就不会让你和她出去，何必要等到你们都玩了一圈回来了炮轰她。不是吗？

阿关自知理亏，鼻子里哼哼两声不做回答。

我乘胜追击，说我知道你为什么信她说的话，因为你跟她根本就是一路货，两个装逼成瘾的白痴！

阿关低吼一声要从书架的背面冲过来，顿时被人拉住了。我火上浇油地放话，“别拉他，让他过来，我看他要干吗！来啊，你过来啊！”阿关被人抱住，无法发泄心中怨气，当机立断朝无辜的书架踢了一脚，把书架踢得朝我倒来。我自然不甘示弱，推了书架一把，书架半路受力，改变位移方向直逼向他。他猛踢书架，风声鹤唳，书架又砸向我。我双手齐推，把书架送往到他的怀里……两人眼中火光万丈，鼻孔呼哧呼哧地牛喘，纷纷把书架当成对方，朝无辜的书架恣意发泄心中不满。

此时一直蹲在地上扶着东倒西歪的书架的男生，幽怨地抬起头，说了句，“你们别吵了，我好不容易网购的书架等了一个礼拜啊……早知道不让 Brian 来帮我装了。”这男生住在 B12，是个带着大眼镜的博士，造型神似周杰伦《阳光宅男》MV 中的男主角。

但我和阿关都已经失控，隔着书架你推我搡，骂骂咧咧，吼声震天，两旁抱住我们的围观群众，像坐公车一样被甩得左右摇摆。

夏至就有点看不下去了，挺身而出，“我说下我的看法吧。第一，我觉得小青说的是真的。她平时都是很与人为善的，能不吵架就不吵架，我觉得她不像是那种先挑衅的女人。第二，安藤，就算你说那个 Linda 有男朋友，你们很清白，起码从这件事情来看，她对你，也绝对不普通！或者说，这女的绝对不是省油的灯而且不善良。”

此话一出，我顿时觉得夏至身上花团锦簇，光芒闪耀，天使头顶的光环什么模样？

阿关瓮声瓮气地说，也不见得，你又没见过她，也不了解她，单纯从这件事就下定论也不见得可靠吧！行，你们厉害行吧，姐姐我说不过你行了吗？

我手里几坨擦鼻涕纸，抬手就朝他扔过去砸到他脸上。

你叫谁姐姐！

阿关脸部遭到突袭，丹田之气冲天而起，对着我挥手大喊一声，“你他妈的！我不想听你那么多废话了!! 你给我滚!!!”

我淡定回应，“哈，哈哈，我宿舍，你让谁滚，你给老子滚。”

此绝招我捂在手里已然快要捂到发霉，只待关键时刻暗箭嗖嗖地放送。果然效果非同凡响。对手瞬间被噎住，一口气上不来气血翻涌，险些走火入魔。但他选择了黑着脸夺门而出。走着走着，突然转过身看着我。我顿时觉得一股强大的小宇宙轰鸣而来，发丝都向后飘动了。

接着他气贯长虹，一字一顿地说，小青你知道你前男友为神马要背着你一夜情吗，你他妈的就是欠打!!!

说完这句他自以为此生功德圆满，转身拂袖而去。

彼时人潮涌动，我前男友一夜情的事本来无人知晓，他这一句点睛之笔，所有人各自心知肚明，心下惴惴！我觉得天旋地转，心底升腾起一句话，它就像一个礼花，照得我心通明，照亮了我心里的每一个死角。

这句话就是——你是给脸不要脸。

说时迟，那时快，我镇定地看准他离去的背影，拨开拉架的人，抬腿朝他后腰上，用尽全身的力气一脚蹬过去。

这一脚蹬了个十环。阿关当着众人的面朝前踉跄 N 步，扶墙方才站定。身上硕大一个鞋印。

我冷冷地说，你说谁欠打。

你。

我抢上前几步挡在他前面，嘴唇发抖，满脸眼泪，死死盯着他说，你再说一遍。

他看着我，看了一会儿说，起来，别挡着我路！

我闷倔的劲头不由分说地腾腾而起，像坚持一个中国的原则一样百年誓死不动摇。阿关伸手猛地推我说，起开！！！

这一推不知道用了什么江湖失传的内功绝学，我"铛"的一声被推得重重砸到墙上。

阿关看了我一眼，微微迟疑，仍旧一甩水袖，大步流星地朝宿舍外面绝尘而去。

十三

1

夏至的“宝贝疙瘩”名叫白鸽，说话细声细气，瘦得风来扶电杆，给自己起了个骚哄哄的英文名叫 Daisy。2010 年春假之后司思陪夏至去 Chinatown 的中餐馆应聘，她正端着盘子从他们身边经过。一周之后夏至有天上班迟到，慌慌张张地跑进去，刚站稳，白鸽就颠颠地跑过来塞了一根吸管在他手里。夏至不明其里，刚想调侃一番，她却一溜烟消失了，疑似闪电侠投胎转世。夏至把吸管认真反复调研之后确定它既没有藏着什么表白小纸条，也没有安放碟中谍的爆破装置。满腹狐疑地走到自己的存包柜前，一抬头，看见柜子里静静地放着一杯酸奶。

夏情圣扑哧莞尔，有些感动地回头四处寻找，目光停留在不远处的窗边，白鸽站在那里，边擦桌子边给了他一个羞涩的微笑。

此后不论是夜班还是白班，夏至走进店里的时候白鸽都会给他一个这样的笑容，奇怪的，她总能出现在他看得到的地方。

一个春天的午后，夏至两点收工准备回宿舍，正换衣服听见白鸽在叫他。

“菊花妹，what's wrong?”菊花妹是夏至给白鸽起的外号，追根溯源恐怕要怪那个不靠谱的英文名。

你有空吗，陪我去 Leicester Square 的广场喂喂鸽子吧？

2

小清新。真心是个邻家妹妹外加林妹妹。

一周之后夏至给朋友这样描述白鸽。

在午时三刻的广场上白鸽指着一群吃得撑到肢端肥大的鸽子对夏至说，你看，小鸽子多可爱。夏至说，鸽子？疙瘩吧！你看都胖成什么样了，一个个的，腿在哪呢？白鸽假装生气地娇嗔，“Vincent 你好没爱心。”夏至看见乍暖清寒的阳光照在她微蹙的眉头上，甚是可爱，想逗逗她，便说，“你说它们可爱是想夸自己吧，你不就是鸽子么？”

呵呵，这都被你知道了，我爸就叫我鸽子，我爸叫我小鸽子。

真恐怖，你爸不怕这样叫你，把你咒成肥婆吗，跟这群胖鸽子一样。

喂，你这人怎么这么爱欺负人。

没人欺负你啊，我是好心提醒。我要是你爸，干脆就叫你疙瘩。

夏至自己笑得直拍大腿，白鸽却转过脸去不理睬他，自顾自地向广场上咕咕叫着，蹒跚行走的鸽子扔去一颗颗的面包渣。夏至跟她说话，她装聋作哑。夏至推推她，她神经末梢失灵。夏至一把抢过她手里的面包袋。

还给我！

不给！干吗就你有爱心，献爱心那是每个留英学子的义不容辞的责任。

夏至边说边高高举起那袋面包，侧脸望着白鸽说，你爸不叫你疙瘩，我以后叫你疙瘩好吗。

讨厌，你才是疙瘩。白鸽跳起来挥着手去抢他手里的面包。

别闹，就叫你疙瘩。

喷泉水花飞溅，淡淡的影子映在夏至的挺直的鼻梁上。他眼神温柔而深邃，像什么都不在乎，又像能把一切看穿。

你是每天给我送免费酸奶的宝贝疙瘩。

3

村姑。绝对的柴禾妞外加公主病。

一个月之后司思跟我提到那位“宝贝疙瘩”，表达了她的出离愤怒。

6 月的时候司思有天闲得没事去偷窥夏至打工。走到半路给夏至发了短信。桑拿天，司思忘记带乘车卡，钱包里没有现金。离学校最近的 ATM 机在维修，过了三条马路找到跨行的另一个 ATM 机，卡插进去居然显示不能正常运作。想打车发现没有纸钞举步维艰。沮丧又暴躁地从学校门口的 Tower Street 走了七八站地到中国城。一路上心情开始变得跟天气一样烦闷。

刚看到 Chinatown 的牌坊，就发现夏至在等她。满身汗水地过去给他抱怨了一番自己的不幸遭遇，然后说，看让我去你店里坐会儿，我要喝冻奶茶。

别别，我们店里没奶茶。咱去那边那家台湾的，那家奶茶好喝。

我不，我就要去你店里。我还没去吃过饭呢，凭什么不能去啊。

我店里真的不好，今天空调坏了，我怕把你热着！

空调坏了也要去，我看着你给人端盘子，我舒坦。

你别给我添乱了成吗，我过会儿还忙着呢。

我怎么给你添乱了，我跟你闹着玩呢。

有的时候，假装生气是在开玩笑，有的时候，假装玩笑却是实实在在地生了气。夏至看见司思涨红的小脸瞪圆的眼睛，额头上细密的汗水在阳光下咄咄逼人。

夏至打工的中餐馆当然提供大杯的冻奶茶，墙上的空调常年保持 28°沁人心脾。只是他知道，店里的吧台前，水池旁，餐桌周围，或者其他什么意外的不意外的一切能想到的犄角旮旯，总会有个人在等他。

等他回去，给他一个羞涩腼腆的笑容。

4

2010年深秋从伦敦回到国内，我和阿关在上海呆了七天。他几乎每天晚上都会抱着我不睡觉。什么都不做，就抱着，说在伦敦的事。似乎有说不完的回忆。但说着说着两个人就会同时哽咽，说不下去。他几乎每天都会问我一遍，呆呆我把你推到墙上你会不会恨我？

我抽抽搭搭地说，不会。

他就一直重复，你会的，你会记得的……你说，你是不是会恨我一辈子？

手伸进我的头发，把我整个人死死箍在怀里，抱得我很痛。

那次在Hawkridge我和阿关暴力互殴，你一记飞腿我一发勾拳大打出手，最后阿关使出如来神掌将我推倒在墙上，扬长而去。

围观群众顿时乱了阵脚，迅速自行组合形成两个分队，分队A冲出去追缉捉拿肇事行凶者阿关，分队B留守安抚我。

我默默蹲下把头埋在自己臂弯里无声地哭，哭着哭着，觉得肝胆俱裂，整个人都在颤，急忙起身走回房间，觉得要哭出声的时候就咬自己的胳膊，整个人抖成一团。

分队B队长夏至进来给我递纸巾，看见我胳膊上的牙印，说咱能别这么哭吗。我不说话，不停流泪，死不出声。

我就是无法从容地将负面情绪展现与他人观看，即使一个人在家哭，也会用被子蒙住头。

时间在头顶上方一个阵痛的位置分秒地流淌，夏至又把手放在了我的肩膀上。不知过了多久，屋外开始喧哗，然后就有人推开了宿舍门。

阿关站在门口。

夏至起身离开。留下我冷冷地坐在地上，阿关站在两米之外，这个静态的画面维持着，似乎经过了一个世纪。然后阿关走过来蹲在我旁边。我一声不响地坐着，不说话也没有表情，整个房间都是闹钟的秒针走动的声音。

他伸手来摸我胳膊上的牙印，我就一把甩开他，用了全身的劲。

阿关说，呆呆，对不起。

没有回应。我在看地板。

又是沉默，好几分钟。

呆呆，对不起嘛。

我突然不知道哪来的一股邪气，猛地站起来，冲到墙边，把自己贴在墙上的小诗《我借到画着笑脸的吸尘器》一把撕下来，像得了癔症一样恶狠狠地盯着阿关，一声不响地把纸慢慢地撕开，扯得粉碎，揉得乱七八糟。阿关默默地看着我浑身抖做筛糠一般地撕纸，不知所措。

停顿几秒，我喘着气，头发乱七八糟像个疯子一样左顾右盼。突然又猛地扑向了自己曾经给他画的画——画面上是炭笔勾画的泰晤士河和 tower bridge，云絮飞舞，祥和美好。

“我以后就叫你阿关好了。”

“他妈的好难听，那我要叫你阿飞吗？”

“采访一下英伦控先生，终于坐在泰晤士河以及塔桥跟前有什么要说的吗？”

“哎，只可惜不能把这一切留下来。”

我在 2009 年第一次去泰晤士河，和阿关一起。回宿舍后画了这张画，一直摆在阿关的宿舍最显眼的位置。

我猛地扑过去又把画也扯了下来。阿关飞身上前死死抓住我的手。“呆呆你别撕了！”我尖叫，眼泪边又飙出来，拼命挣扎非要把画撕掉。阿关死死箍住我的手，用压住我声音的气场大喊，“呆呆你别这样！我都说我错了啊！你是了解我，知道这样我会伤心！你就故意的吗！！！你是有多了解我……”

眼泪掉下来，砸疼了手背。我摧毁自己，为了揉碎你的心。

“我刚才推完你，当时就后悔了……我真的不知道我怎么了……我刚才回来，进厨房收拾，看见你炒的菜还在锅里……我好难过……！你就当我失心疯行不行，你别撕那些东西行吗，我求你了！！！

然而我已经听不进去他在说些什么。歇斯底里。有一个他松懈的瞬间，我顿时一把将画抢到手里。阿关反应不及反手来护，却终究慢了我半拍，喀喇一声巨响，画被撕成两半。

撕完以后我颓然坐下。一切安静。

阿关默默地走到旁边，捡起我撕碎揉皱的那些纸片，一个人把它们慢慢展开，弄平，想拼回原来的样子，拼着拼着，似乎找不到正确的次序，再重拼，也找不到之前的头绪了。一把抱住自己的头，把头深埋在臂弯里。

“我有没有告诉过你，我每次看见你写的这首诗，心里有多难过。

北半球傍晚，/教堂的钟声赶不走喷溢到处的阳光，/和路边无人理睬的小野花。”

读完这句他就哽住了。一切像在牢笼里的困兽，找不到突围的出口。很久之后阿关抬头说，我是不是从来没有告诉过你。

我也会难过。

5

2009年秋天的一个夜里，呆呆站在窗边，望着远处星星点点的灯火，忽然转过头，像那只夜游的小猫似的茫然不知所措。对我说，阿关，你今天别回去了吧。

我听到咔嚓的声响。

上帝戏谑人间，用胶片机拍了一张照。我们谁也不知道，照片上的内容。

总之一切都在计划之外，一切都如此突然。

这种突然让我感到不适，却又如此享受。呆呆像一个欢脱跳跃，时而忧伤的小动物，在那个秋夜钻进我的窗框。她是那样放肆而自然地做着所有“犯法”的事，似乎在她心里根本就没有规矩一说。她的眼泪和欢笑事前都没有任何征兆，我喜欢她给我起外号，喜欢她对我竖中指，喜欢她在路边踢石子，喜欢她躲在门背后跳出来，喜欢她发明的小游戏，喜欢她对我唱那些据说是她小时候学的，满是脏话的搞笑儿歌。我不想失去这种感觉，因为她让我如此快乐，我想要抱紧她，我害怕一松手就成了虚空，她飞走这种感觉被别人占有。

可是呆呆是我计划外的。她突然闯进我的计划，不代表她能改变我坚不可摧的框架。我必须永恒按我的方式生活下去——但我却又不想失去她。

是的我不能失去她，她就像我的小女儿那样望着我，需要人照顾。我经常管东管西，她却听不进我说的话，我着急就骂她，可是她从来不和我吵架。呆呆每次都这么委屈地自己坐在墙角，让我难过。可是我就是一着急就控制不住自己。我是有多后悔我每次对她发火。

她是那样胆小，我企图吓唬她，都会反而被她的叫声吓到。她是那样多愁善感，呆呆，你哭了，你怎么又哭了，电影里都是假的，你别去相信。她是那么善良，对所有的坏人都没有戒心。如果我离开她，谁在她害怕的时候安慰她，谁给她讲故事，谁逗她笑，谁来给她擦眼泪，谁替她赶走身边的那些苍蝇。

那就让我说爱她吧。

我爱你。

我知道,all you need is love.

就算这只是一个梦,偶尔做做梦也是无碍大局的。这是一个仅仅存在于某一特定时间和地点的梦。梦里我坐在双层巴士第二层第一排的窗口,你坐在我的身边,月光下我没有泪痕。我不知道这趟车要开多久,某一时刻我也许希望过它永远也开不到我的目的地,开不到终点与尽头。我希望就这样坐在颠簸的车上。

呆呆,请不要,请暂时不要叫醒我。我的小可爱,我的小女儿。因为,梦里太美了。

——阿关的日记

6

"这么美好的东西,你把它们撕了。"

阿关把身边那些纸叠好放在一起,"拼不回去了怎么办。你说怎么办。"

他走过来蹲在我旁边看着我,"要是有一天我们离开伦敦分开了,你能不能不要记住这些我对你不好的时候?

你不知道那天下午,我看见你在学校买三明治,站在窗户边上的阳光里,撕不开包装的时候,我的心都是疼的。我那时候觉得你像我的女儿。我非常不会说话,我没有办法告诉你我多么想保护你。也许方式不好,可是我的脾气我控制不住。我跟你道歉。"

我默默地起身，默默走到床边坐下，默默脱掉衣服，默默钻进被子里，捂住耳朵。许久，像是自言自语，又像是问他的说。

为什么，从伦敦离开了，就会分开？

房间很安静，台灯的光像阿关第一次住在这里的那晚一样温暖安详。

你说啊，为什么从伦敦离开了，就会分开？

很久没有人说话。又很久没有人说话。然后阿关摸着我的额头，“也许不会分开。”

为什么是也许？

阿关过来抱着我，重复着不声不响。

然后我听见他在耳边说，我不知道。

我没有看他，像是自言自语。“我这些天也想了想，始终想不通，但也不知道是什么地方没想通，阿关，你和我在一起，真的是因为爱我么？还是占有欲。

你也说过，你很爱你前女友，在她之后无法正常爱一个人，那怎么会爱我。你告诉我，你对我的爱从何而来。”

阿关沉默，“不知道，我说不清楚。”

空气里闷闷的，像夏天暴雨之前蜻蜓低飞的压抑。

我望着窗外幽蓝黯淡的天空。

我们分手吧。

7

翌日清晨我醒来。

房里安安静静，窗外的阳光从窗帘的缝隙爬进屋里的天花板上张牙舞爪，空气和昨晚并无二致，散发着令人毫无踪迹可寻的，不知所云的气息。

我独自在床上默不作声地坐着。如果此时有人问我，嘿，你在干吗？我应该会回答他，我在想，我该干吗。

似乎有什么不对头的地方，但我翻遍整个脑海都想不分明。数分钟后我终于意识到，阿关的行李箱和他一起消失在昨晚睡前的地方。

地毯上还有行李箱的两个轮子压过的痕迹。

我静静地望着它们，仍然在想到底该干吗。

可悲的是，这似乎是一个无解的问题。

答案在虚空中，无处找寻。

8

无处寻找。

9

司思在 Chinatown 被夏至拒之门外。这个时间点往后推算的八分钟内，她都明显地感到下盘不稳，东摇西晃抓不住重点。第九分钟，司思终于咬碎了牙根暴跳如雷，和夏至你推我搡，一个说你心里有鬼，不然为什么不让我去。一个说大热天的能不能不要闹，司思我最烦的就是你无理取闹。纠缠到最后，战败方瘪着嘴，表情好像翻到了书包里揉成一团的不及格考卷,气若游丝地抿出一句话。

是不是因为你的宝贝疙瘩?

酷暑瞬间清凉。

司思看着夏至,看了一会儿,转身就走。夏至望着她娇小的背影,直到她消失在远处的拐角。伦敦的夏天室外温度撑死也就三十出头,夏至发现自己的手心里全都是汗。

傍晚时候司思从法学院出来,看见夏至拿着烟靠在外面的栏杆上等她。她走到他身边,两人彼此对望了一会儿,司思的眼眶就开始发红,一颗晶莹的泪水翻腾出来,从她脸上飞速地滑落。夏至一把抱住了她。

傻妞。

华灯初上,两人相亲相爱地勾肩搭背去吃饭。夏至说,宝贝,我那是逗她的,我们什么事也没有。司思撅嘴咬牙地用小拳头捶他,说,那我以后不许你再理她。

那难说,考虑考虑,除非晚上你给我马杀鸡。

正说笑间,夏至的手机响了,司思顺手从他兜里掏出来,定睛一看,顿时完成了转体180°基因重组大黑脸,一把摔在他怀里。夏至烦躁地接听,对面那个熟悉的温柔声音说,"Vincent,有空吗,我想买MJ的专辑,不知道哪有卖。"Michael Jackson是夏至最喜欢的歌手。

要不,我改天带你去买。今天……不太方便。

司思忍无可忍,一蹦三尺高地冲着电话大喊,你有完没完啊,买张破专辑不会自己去买吗?!

夏至怕新买没多久的手机在司魔头的手里再度毁灭，尴尬地躲闪。白鸽却如同善解人意的天使在人间，“和你女朋友在一起啊？那算了，我自己去就好。对不起啊，真对不起打扰你们。让她别生气了。”

原本温馨的一顿晚餐，刹那转型，浓情蜜意变成一腔怨毒。好不容易盼来了饭点，一对情侣相对无言各怀心事地坐着，看都不看对方。最后还是夏至打破僵局，“乖宝贝，吃什么？”司思跟自己生闷气，揪着桌布眼神飘忽。

你自己看菜单吧。

夏至撇下一句话，起身去了洗手间，把桌上的杯盘弄得哐当乱响。

司思差点把无辜的桌布大卸八块，撕成碎片。两个耳孔出气，头胀得像个高压锅。正愤恨间，夏至万恶的手机突然一片蓝光。短信。

二话不说抓起手机就看。屏幕的光芒照亮了手机吊坠，那是一个豆腐娃娃，司思在谢菲尔德的Christmas market买给夏至的，此时一摇一晃地表情窘迫，流着眼泪，像是在嘲笑谁，又似乎是同情。

“20：17 PM 29/06/2010——那你说话算话，改天一定要带我去买专辑哟。我不在你身边，你也要好好照顾自己，千万不要再瘦了。记得喝酸奶。”

发件人：宝贝疙瘩。

10

阿关离开我的宿舍之后，我感到很失落。

没错，很失落。因为宇宙间的一切并没有因为他的离开而发生什么重大改变。就是说，所谓的分手之后天会塌了的事，没有像传说中那样发生。天没有塌，地球还在转，甚至连世界杯的赛事都在照常进行。

是的，世界杯。

2010 年 7 月，世界杯之夏。

所以说世界上有些事永远是那么有趣并且匪夷所思。例如，割腕能死得异常凄美，血漫浴缸，而被剁手却不会死，就好像剁手不会剁到动脉一样。例如，公奶牛跟母奶牛长得一模一样，却不产奶，居然仍然被叫做奶牛。再例如，当你走到和旧人曾经一起走过的地方，闻到相似或者相同的味道，居然就会想起他。

每天去上学的路上仍会看到那些似曾相识的风景。只是多了世界杯，一切变得些许不同。理发店里的银发老先生挂出了米字旗，穿上了英格兰的队服。打着鼻环的朋克妈妈推着婴儿车，金发小女孩手里拿起了拉拉队的喇叭。GP 摩托咆哮着穿过十字路口，和悄无声息的保时捷一起悬挂着“the world cup belongs to England”的标语。

过去路过这些地方的时候，我都在和阿关谩骂不休，有关世界杯的争论伴随着二人度过残破的上学时光。

我在校内发了一篇日志大意是嘲笑英格兰的太太团的，

说足球是男人的运动，毕竟在赛场上，大家只关心 world cup 花落谁家，谁会关心太太们的 cup 是 ABCDEFG！阿关见之，又像被踩到筋了一样在校内上留言与我争辩。当然他留的言很文明，很文绉绉，充满着学术的驳斥和辩证。酸文假醋一大坛，千言万语一句话，力挺英格兰。

我用与之决然相反的语言风格，铿锵有力地回击了他。

我说，傻逼。

话说能有幸在英国经历一次世界杯确实是一种荣幸，因为足球气氛浓厚。宿舍有一个很大的活动室，在洗衣房的上面，来自不同国家、不同肤色的人会在有比赛的时候聚集在此。如果有时间，我也会自己去酒吧，著名的英国球迷端着啤酒，脸红脖子粗，叫骂声此起彼伏。

有次我在超市买熟食，看上了一个烤肘子。

那天下午正好有一场日本 vs 韩国的比赛。彼时但见一个英国胖男人兴奋无比地朝我跑来，大喊，Japanese won!!!（估计是把我当成了日本人）我脑子短路，没有能够及时把频道从肘子调整到足球上，于是看着肘子，又看看胖子，以为他说的是，“Japanese one”——误会他说这个肘子是日本的。

此举让我颇为困惑，思索良久仍然觉得这个肘子明明是一只英国猪的肘子，于是不解地望着他说，no, British one!

胖子大喊，no British! Japanese won!

我迟疑地伸出手，胆怯地指着那个憨态可掬的肘子说，you mean, this one?

胖子的脸色顿时五味杂陈！仿佛看见了世界末日的到来。具体不知道是英语的末日，还是足球的末日，还是双重的末日，反正是怒嚎了一声，“anyway!!!”拂袖而去！

每当想起这件事我就感到内疚，自责，以及抱歉，并且深深地感到自己给中国足球抹了黑了。把中国足球抹得更黑了。

11

阿关离开之后我又做了奇怪的梦。

我梦到夜晚的伦敦风非常大，然后我清晰地看见自己瑟缩着衣领在等车，低沉的夜幕盘旋的鸽子，行色匆匆的人群如同剪影。红色的双层巴士流淌着温暖的灯光，梦里的我静静走去躺在轮下，泛着泪光朝站台上的人露出微笑。

来，让我做你的新娘。

可站台上的人却在黑暗中忽然消失不见。

12

我在午夜忽然惊醒，坐在床上，扶着胸口大声喘气。

一身冷汗，直至在后背凉透变得黏腻。

打开台灯喝水的时候看见地毯上的两个车轮印，居然已在慢慢褪去。

十四

1

不知道为什么，女生都不怎么爱跟司思讨论感情问题。这件事是她上初中的时候有一天猛然发现的，发现之后令她头上长角，苦恼不堪。感情问题是女生之间四大高频话题之一，其它三个分别是吃、减肥和八卦。这可以类比伦敦超市的四大便宜菜，土豆、洋葱、包菜和红薯。假如有一天你进超市的时候发现大家都可以买土豆，就是不让你买的时候，你就会拥有与她相同的感受——虽然不见得多么爱吃土豆，但内心却充满了传说中的缺失感。

司思坐在颠簸破旧的车上，车开过 Mornington Crescent 转了个弯开进 Camden Town，这里的大街小巷都是她到过无数次的地方。而此时她宁愿就这么坐着，茫然地望着窗外，希望车永远也开不到目的地。她看见车窗外飞旋的灯光，和偶尔擦身而过的另一辆车的车窗——她看见她自己，疲惫不堪写满绝望的脸，在擦身而过的车窗里扭动摇晃，然后凋落在空气中。

电话响了很多次，夏至的来电，司思一直看着车窗外。很多人在忙乱地装饰一面挂满彩灯的墙，不停说服墙边卖艺的吉他手暂时离开。他耸耸肩，木然站在原地像根被嫌弃的木头，他的身边，一直陪伴他的狗在熟睡，他不离开只因为不忍叫醒它。

手机在她包里不停地闪，前排带帽子的老者回头张望，直到铃声消失。

司思拿出手机，删除了十几个未接来电，然后给纪泽发了短信。

你在哪里，晚上能来陪陪我么。

2

感情这种东西原本就是无法拿来与人讨论的。在网上看到过一个痴恋女友的男人因为女友出轨，将其肢解，头种在花盆里，上面还养了翠色欲滴的植物。在被抓走的时候他仍回头不舍地望着自己悉心栽培的花草说，“我很小心地留了一缕头发在外面，这样我每天都能帮她梳头。”

面对这样惊悚的新闻人们往往是大呼小叫，表示不能理解，称之为“变态，畸恋”。其实在他的眼里，你的感情何尝不是畸恋。换句话说，每个人手上的感情线都沿着自己所固有的模式倔强地行走，世界上没有完全一样的两条手纹，既然如此，谁又能真的读懂另一个个体的情感模式。

“我第一次意识到我没有正常女生的感情是在初中。”

和纪泽并排躺在一起，司思难过地对他讲。

他们没有开灯，拉开窗帘躺在月光下说话。“那是一节物理课，我的两个好朋友隔着我疯狂谈论着某个神秘男子，半节课之后我终于压抑不住地问，你们说的谁啊，他们就突然都不吭气了。”

纪泽笑道，“可惜喔，这场本来可以在友好气氛下进行下去的邦交谈判，就这样被你的不识时务打断了。”

“后来我自以为参透了其中的原因，那就是因为我没谈过恋爱，而她们都有喜欢的人。她们用语文课本挡住信纸写情书的时候，我都在很兴奋地指着教室窗户对面的结核病家属院，招呼旁边的人去看对面窗户。”

“看什么?”

“看有个女的只戴胸罩在做早饭……”司思叹了口气，“现在想想我大概确实是怪胎。为了补上我心灵缺失的那个角，我大张旗鼓地早恋，而且一直不停地换男朋友，在学校都出了名。可只有我自己知道我那或多或少不纯的动机。一把辛酸泪啊，根本没人懂。”

“那你也不能怪他们哟，你这样的确是蛮难懂，因为这样的原因谈恋爱我也是第一次听说。”

“后来上了大学男生们踢球，女生们坐在操场旁边谈论他们。我现在都记得某人一带球就会听到一阵咳嗽声，后来很多人带球都能听见咳嗽声，再后来我产生了幻听，觉得每一脚传球都预示着有人要咳嗽。我被她们咳得心烦意乱，我很想问，为什么我都这么明目张胆地谈恋爱了！你们还是不爱告诉我你们咳嗽是为谁!!!

可是真的就是没有人愿意跟我讲。她们是一个圈，我是孤独的一个点。”

“她们一定觉得你是一个兔子，不用给你苹果吃。”

“什么兔子?”

“台湾的笑话，就是讲，你根本就是不同类。”

“也许吧，我真的也没有像她们那样的喜欢过一个人，我以为感情就是这样的——直到我遇到夏至。”

“你很喜欢他吗?”

“他没有一点跟我是一致的。我在半夜上网，他喜欢在白天。我打电话过去想告诉他我看到一个很有趣的笑话，他已经睡熟了。他白天短信我，我却没了情绪。我和他似乎永远在‘向左走，向右走’，甚至连感情也是。他是我爱上的第一个人，我热情高涨，欣喜若狂。

可是我爱上他的时候，他已经爱不动了。”

“那你现在打算怎么办?”

“我不知道，我连吵架的力气都没有。就像歌里唱的那样，似乎他会在明天来找我，我却要在今天离开。”

纪泽把手放在司思的眼睛上，感觉她一眨一眨的睫毛。他说，“你现在闭上眼睛。”

司思懵懵地说，“要接吻么？”

“我是想问你，闭上眼睛，会想到谁。”

“谁都不想，只是害怕。”

窗外大雨无声，被路灯照得如同未熄灭的灰烬纷扬飘落。伦敦的雨就这样落落停停似乎永无休止。

司思忽然解开自己的衣服，说，你抱抱我吧。

3

时间倒退回四个小时之前，司思看到了白鸽的那条短信。

她起身拿着包，离开餐桌，走上了大街。有个脱衣舞吧的犀牛吉祥物在又蹦又跳地招揽生意，她越走越快，忽然被“犀牛”撞到了，朝马路上飞出了一大步。

一辆救火车呼啸着几乎是擦着她的脸飞驰而过，头顶一阵疾风。

像站在一个巨大的容器里，外面是无休无止倾泻在容器之上的滂沱大雨，里面是密布的荆棘。她居然依赖着雨停的时候转瞬即逝的阳光存活。尽管阳光如此吝啬地出现。但她就是因为短暂的阳光沉迷。她头一次觉得有一种想和人讨论讨论感情这个词的冲动。不，是找一个人，扯着他的耳朵，声嘶力竭地叫喊。是的，只是叫喊，她不知道要说什么。但她想把缠绕她的荆棘扔进另一个人的耳膜——顺便把自己也扔给他。

她和纪泽并排躺着，在满世界喧嚣的对话声和私语声中并排躺着，语言匮乏。想着自己心里的人亦知道对方心里的人。

她说，你抱抱我吧。

不知过了多久，纪泽俯下身吻她。却发现这个吻像春晚十二点过后的节目一样多余，牵强，无人喝彩。

于是他说，你会害怕，是因为你和我躺在一起。说明你还在爱着他。如果现在把我换成他。你不会害怕。

司思站在感情的容器里，外面是无休无止倾泻在容器之上的滂沱大雨，里面是密布的荆棘，她终于明白，这种东西叫做桎梏。

桎梏的外面是什么？

“阳光从枝叶间漏下来，落在流淌的小溪。牧羊少年把草帽盖在脸上，听树叶在风中鼓掌。这时迎面吹来了麦穗的芳香，麦浪就像大海一样。你眼前有一片一望无际的麦田，一直连到遥远的天边。”

上帝也会赞叹，如果她仍能拥有一颗健康的好奇心。只是从遇见夏至的那一刻起，她便宁愿呆在桎梏里，在荆棘丛生的桎梏里，仰起头听满世界的雨不断地，永无止尽地在她头顶落下。为了转瞬即逝的阳光存活。尽管阳光如此吝啬地出现。但她只是无力自拔地在那些短暂的阳光中沉迷。

4

夏至。

传说中，那是一年之中白昼最长，黑夜最短的一天。

5

夏至日之后，北半球高纬度的阳光总是最大限度地炙烤我的宿舍。

和阿关分手两周的一个阳光灿烂的下午，我独自在宿舍看世界杯直播。随着兰帕德一记漂亮的远射被裁判误判在门线之外，英格兰的悲剧正式上演。

下半场德国战车惨不忍睹地狂轰滥炸之后，英格兰 1∶4 被德国淘汰，阿关支持的球队离开了世界杯的赛场。

当时 5 号房的尼日利亚男生从房间跳出来又喊又叫，手舞足蹈，我心里浮起一丝感动，心想平时我都不和你说话，没想到原来你和我是一头的，英格兰输了你这么开心！没想到后来阿根廷被淘汰他也在走廊这样欢呼雀跃，让我极度怀疑尼日利亚人到底有没有立场。这是后话。

英格兰被淘汰了，我在想阿关应该很难过。回忆阵痛地穿越到世界杯开赛之前，那厮很惊悚地买了一面英国国旗，每每有英格兰比赛的时候便将之取出，在电闪雷鸣中抖开，像跳大神的道长一般披挂上阵。多亏这个行为是发生在宿舍里，而不是活动厅什么的公共场合，否则我会自动屏蔽与其的瓜葛——因为以我目前的表达能力和语言水平很难形容这种灵异行为的怪诞。

球迷之间往往是惺惺相惜的，猩猩总能相吸。我很想给阿关打去一个安慰电话，但终于忍住，拿起手机又放下了。于是为了排解自己想联络他的情绪，我果断给别的英迷打去了

n个慰问电话，语气温柔婉转，犹如志玲姐姐。

在下不才，平时都是到处毫不留情地鄙视英迷，对其进行过或多或少体无完肤的吐槽。所以一番电话打完，导致的直接结果就是所有的英迷都暗暗觉得我一定是嗑药了。

彼时我坐在宿舍地毯上，下午的阳光有些刺眼，于是就站起来走到窗前点了根烟，看着远处高矮的一栋栋小房子发呆，拿起相机拍下来宿舍窗外的天空。仍然觉得心乱，就又去了活动厅，手机攥在手里，攥出了汗。晚上做饭的时候又把手机放在锅边，像有瘾症一样时不时看看。

然而手机屏幕却始终空空，如同阿关的消息一样没着没落。

福无双至，祸不单行。几天之后，同样的厄运又降临到了阿根廷身上。那天我依然是独自在宿舍看球，看到后来大势已去，手脚冰凉，保持乐山大佛的姿势坐在电脑跟前，呈现百年难遇的痴呆状。

此时尼日利亚邻居从房间冲进走廊振臂高呼。我被这种跨越种族的荣耀感气得心肝肺乱颤，决定出门透透气。果断穿着睡衣睡裤走下楼，溜达着去了洗衣房楼上的活动室。活动室里一片混乱，但乍一进去我的第六感就提示我气氛不对，我看到面前人员复杂，有骂街的，打台球的，喝酒闲聊的，讨论比赛的……但这些统统不是重点——重点是我一眼看见阿关赫然坐在一个空着的台球桌上看电视，并且在我进门的一瞬间，他和我的目光“砰”地撞在了一起。

那一刻阿关的表情非常复杂，意料之中，意料之外，想念，惊喜，尴尬，无奈，询问——或许并没有如此之复杂，是我臆想症发——但总之我在想多了之后由于情商过低，做出的第一反应又是转身夺门而逃。

洗衣房和宿舍是并排的两栋楼，出了洗衣房我立即就跑进自己的宿舍楼里，狂轰滥炸般的砸开了夏至的房门。虽然我一向坦然承认自己是一个不着四六的二货，我的众多朋友中也从不乏货真价实的二货，但我始终坚定地认为，夏至才是所有二货团队中的无冕之王。因为夏至对女人有其独一无二的安慰方式，那就是，完全看不出在安慰。果然我出现在他宿舍，语无伦次地一番描述之后，他便使出“以二克二，以二攻二”的绝学，顷刻间使我从一种水深火热的尴尬走入了一种生不如死的无语。

正在这时夏至的手机猛然间鬼叫般响起。那时我正搬起他厚厚的课本企图翻看。突然爆发的铃声吓得我两手同时松开，伴随着沉闷的声响，宿舍里积攒千年的灰尘漫天飞扬。

他在年代久远的灰尘中烦闷地接起电话，停顿片刻后，捂住话筒对我说，“我操，安藤！”我冲他疯狂眨眼，他心领神会地搪塞一番，说没看见我回来。电话挂断之后我松了口气，夏至忽然说，“我能不能说句话。”我说，说啊。他说，“你飞眼的样子真恐怖，你平时都是这么吓唬安藤么？”

话音未落一本厚厚的书迎面飞来，他哈哈大笑，看着我拂袖而去，摔门回了自己房间。

回到房间我顺手拿了两片面包丢进烤面包机，原地坐下卸隐形眼镜，却因为用力不均戳到瞳孔，刺得眼睛直流泪。这个时候有人敲门，我就涕泪齐流地去开门。门外的世界逐渐清晰地展现在我睁不开的眼前，面包机“铛”地一声把面包弹了出来。

阿关赫然站在面前。我惊得魂飞魄散。

我说，啊？

阿关突然一把抱住了我。

当时我手里还拿了一片卸掉的隐形眼镜，觉得这一切简直像做梦一样匪夷所思。但他抱得很紧，这种真实的感觉应该不是做梦。许久他松开我，捏着我的肩膀说，呆呆，让我好好看看你。

我大脑脱线，反应无能，拧巴半晌，终于憋出句山寨韩剧的台词。

你怎么会突然回来。

他难过地说，“我刚才上来过一趟了，你不在，我就打电话给夏至，他说没见你回来，我担心得要命，就一直在你宿舍外面等你。”

我抽吧了几下，哇地一声哭得惊天地泣鬼神，哭着说出了令阿关颇感意外的台词。我说，“阿根廷被淘汰了，呜呜呜……”

阿关就那样抱着我，任由我把鼻涕眼泪擦在他身上。我也不知道自己哭了多长时间，只记得我终于平静下来的时候，他在我耳边说，“呆呆，我们要不然不分手了吧，反正英格兰和阿根廷都当不了冠军了。”

我满脸眼泪地从他肩上抬起头，伸手摸他的额头。我说，“你是因为同情阿根廷被淘汰吗？我不食嗟来食！”

阿根廷被淘汰我才不同情！

他又帮我擦了眼泪，用额头对着我的额头，“可是我不能和我的呆呆这样莫名其妙就分了手。”

6

想起 6 月帮阿关搬家时候曾一起擦掉了我画在墙上的画。激情燃烧的岁月，我挽起衬衣的袖子，边画边对他说，嘿，你知道吗，我太爱你的墙了，比我用过的任何一张素描纸都好画，包括最贵的那种！他躺在床上与我对视，说，那我们走的时候把这面墙铲掉！

后来我们当然没能带走那面墙。为了擦干净它我们甚至用上了 Mat 无辜的大米。现在它仍钝重地竖在 Max Raynane House V10 里面，淡淡的痕迹。惹未来的住户猜测，或是无人挂怀。

看过一本书叫《男孩在那个夏天搬离海边》，他要搬去一个鲜花盛开的地方，却不能带走他海边的小屋和陪伴他一个夏天的狗。人生总有取舍，生活由你选择。无论如何，阿关在那个夏天搬离了那面掉满铅笔屑的墙。

房间里充满潮湿的浴巾的味道。他带不走。

7

“有很多东西是你带不走的。”夏至偏过头去望着他的宝贝疙瘩，“鸽子小美女，如果带不走，那从一开始就不要占有她，难道不应该么？”

白鸽紧紧攥着手里 Michael Jackson 的专辑，咬着嘴唇。“你是说我和你不可能吗？”

也可以这么理解吧。

夏至冲她笑了笑，走吧我送你回去。

可是为什么跟她就可以，你难道不会伤害她吗？

谁知道，她恐怕是最后一个会被我伤害的女人了也说不定。

噗。

夏至也听到了头顶的某个地方有人发出轻轻的笑声。这让他瞬间不自觉地打了个寒颤，开始思考刚刚说过的那句话是不是有什么欠妥，可又想不出是哪里。他说，司思是最后一个他可以伤害的女人。

一时间夜晚的流光都变得清晰起来，女巫骑着扫把从空中掠过，留下无奈的嘲讽。

数月之后我在夏至的葬礼上再次想起了这句话，不由得全身发抖，手脚冰凉。抬眼看见夏至的照片，他在画面上轻蔑的样子，仿佛在嘲笑谁。我忽然莫名其妙地猜度，如果那天夏至没有拒绝白鸽，没有说这句话，没有最后去司思家找她……那一切是不是不会发生，故事就不是现在这个样子？

可是世界上没有如果，现实生活不是港台歌曲，所以并不存在如果的事。在一个动力系统中，初始条件下微小的变化能带动整个系统长期的巨大连锁反应。蝴蝶在热带轻轻扇动一下翅膀，遥远的国家就可能造成一场飓风——这就是所谓的蝴蝶效应。

在那样一个夜晚，夏至拒绝了白鸽，对她说得斩钉截铁。

之后连他自己都有点不能相信这种事是他做出来的，恨不得开瓶香槟庆祝。自言自语道，“夏至你出师了，真他妈六根清净！”兴冲冲地买了24朵玫瑰，朝司思家走去。

那就主动跟她道歉一次吧。这可是哥的第一次，就这么献给傻妞二房东了。

低头嗅了嗅带着露水气息的花，令人不由想起谢菲尔德的冬夜，司思被体温熏得粉红的小脸。

“你不是租房哥哥，他叫夏至。我只爱他，不爱你。”

夏至的心中再度泛起久违的柔情。

8

送人玫瑰，手有余香。

纪泽摸了摸司思的脸。别哭。能帮到你不要难过，我就很开心了。明天你就去找他，我相信他也是爱你的，或许你们之间有误会。

司思啜泣着，一头扑进纪泽的怀里。谢谢你。

夏至，你知不知道我在想你，可是你又在想谁。

忽然听见隐隐约约的开门声，却又不分明，司思说，有人在门口吗？纪泽说没有吧，我怎么没听到。司思说不对，肯定有，我听到了我得去看看。

她急急忙忙地踢上拖鞋，心里莫名其妙地惶恐不安、焦躁，像有一面小鼓在咚咚哒哒地敲个不停。司思想起了小时候玩击鼓传花，老师在台上，一直敲鼓，一样的声音。她急切地跑出去，听见远去的脚步声。她三步并作两步地朝外赶，拖鞋掉了一只，扭了一下头，也顾不上了，光着一只脚冲出家门。

谁？

鼓声戛然而止。门外静静的走廊，一如她初见某人时候一模一样，只是白天换成了夜晚，白色床单一般的阳光换成了朦胧的月光，一切像在梦中。

夏至，是你吗？司思追到电梯前，绊了一下，几乎要摔倒。

忽然间睁大了眼睛，电梯门合上的瞬间，她看见夏至拿着手机，豆腐娃娃一摇一晃地表情窘迫，流着眼泪，像是在嘲笑谁，又似乎是同情。

手机屏幕蓝光闪烁，映着夏至阴郁的脸。她大脑一片空白，紧接着一堆玫瑰飞出电梯门朝她扑面而来。

司思轻轻叫了一声，没有站稳坐倒了，瞬间花瓣像炸裂般的散落了一地。

9

Hampstead Heath 的公园是《诺丁山》的外景，阿关重新住回我的宿舍之后，两人常常一起去那边看球。

沿途回家路上阿关自编了一首“鸡巴嘎嘎叫”之歌。歌词如下：“钟声当当响，鸡巴嘎嘎叫。啊鸡啊鸡啊鸡巴嘎嘎叫，啊巴啊巴啊鸡巴嘎嘎叫。啊叫啊叫啊鸡巴嘎嘎叫(repeat)”——一直唱个不停。直至唱到山无棱，天地合，六宫粉黛无颜色。我幽怨地望着他，他欢快地唱。

山顶乍暖轻寒，远处的圣保罗大教堂若隐若现。

这一切让我不由思绪万千，连一个陷入文青怪圈无法自拔的闷骚男，跟我在一起也会变得这样蛋疼。此等离奇气场，实令人悲喜交加。

公园外面有间很低调的球迷 Bar，那也是我深爱的地方之一。waiter 用粉笔在小黑板上写下赛事和比分，新的迎来，换掉旧的，晃晃悠悠地挂在花篮下面。我们坐在木地板上，背后是如林的伦敦酒鬼，一进球便叫嚣不止。

酒吧旁边有一个可以免费拿杜蕾斯的医院。

那时的生活轨迹往往这般进行：看完球以后心照不宣地装作陌路人，分别去医院拿避孕套，然后唱着“鸡巴嘎嘎叫”回宿舍。就仿佛在为自己适才的行为歌唱庆祝。进门以后把套子倒出来，数一下这次骗到多少个，然后边数边骂医院的人是 bitch，也不多发几个。

在我扭曲幼小的心灵中，居然还曾数度认为，这样“白吃枣还嫌枣核大”的生活，很摇滚，很他妈酷。

10

Choose life. Choose a job. Choose a career. Choose a family. Choose a fucking big television. Choose washing machines, cars, compact disc players and electrical tin openers. Choose good health, low cholesterol and dental insurance. Choose fixed interest mortgage repayments. Choose a starter home. Choose your friends. Choose leisurewear and matching luggage. Choose a three-piece suite on hire purchase in a range of fucking fabrics. Choose DIY and wondering who the fuck you are on a Sunday morning. Choose sitting on that couch watching mind-numbing, spirit-crushing game shows, stuffing fucking junk food into your mouth. Choose rotting away at the end of it all, pishing your last in a miserable home, nothing more than an embarrassment to the selfish, fucked up brats you spawned to replace you. Choose your future. Choose life.

11

I know
everyone has got a rock n' roll heart.

I wish I could be your one in the summer
of London.

十五

1

23 岁就在这个举国装逼却令我魂牵梦绕的可爱国度过去大半。

想起 2010 年初的时候昏头涨脑地过完自己的生日又过阿关的生日，宿舍厨房里的生日 party，热爱中文喜欢啤酒的欧陆兄弟姐妹，一帮存在沟通障碍的校友，做着压根不明白的外国游戏，诱人犯罪的巧克力布朗尼——似乎还是昨天的事。日子怎么就过得这么快呢。

同样的地点，同样的角度，同样的宿舍，不断搬进搬出的不同的人。我面带标准的茫然神情，望着角落里憨态可掬的行李箱上积攒一年的灰尘，像身边所有人一样穿起防风挡雨的套头帽衫，等来了又一个气温 10 度的秋天。

关于这一年，回忆大部分都在无序作息和时而间断的旅行计划中跑远了。固执与癫狂，却依然如屋子里废弃的两个木质衣架一样还留在我屋里。

2

关于那两个衣架。

那是有天阿关说屋里缺个挂衣服的，我们便心血来潮，溜进建筑学系的 work shop，搬出粗糙的旧木料，操作起令我鼠胆发颤浮想联翩的各种电动切割设备。做到一半，受过“圈羊斗争”传统熏陶的肥胖的管理员洞察一切，问我们是哪来的。我指着在突发事件下语言中枢坏死的阿关，说，他不是咱们这个牛逼高级学院的，但是我是爱国爱校的先进分子，他是来陪我的。于是两分钟后阿关顺利离开，我被扣留继续一些细节盘查。胖管理并不了解他面对的是一个中国神秘九年制义务教育培训出来的“编瞎话黄金圣斗士”，数分钟后便被我顺利说晕，将我放行。而当我兴高采烈地跑出楼门口，却遇见一脸肃穆的阿关。他屏蔽掉适才之事缄口不提，表情清高得像个刚蒸完桑拿，就被一盆冷水浇透的，虽败犹荣的大公鸡。

2010 年秋天宿舍到期之前，我们就衣架的去留问题展开了心理斗争。阿关不愿意舍弃任何与记忆相关联的东西，打眼的瓶盖，我烤糊的饼干，球赛的入场券，甚至来找我的夜晚掉落在他肩膀上的不知名花朵。酒吧拿回来的纸巾，我在上面写了留言给他，他总埋怨我写字在纸巾上不易保存。我只淡淡告诉他，如果对方一开始就知道纸巾容易弄坏，便会把那些话记在心里。

最后我们还是把那两个未完成的衣架留在了宿舍的厨房。阿关下意识地将它们放在大家视线的盲点上那个最不易被察觉的角落，还盖了报纸在上面，仿佛是在挑战垃圾回收人员的智商，制造难度。我却因为他这个傻气而可笑的举动留下了眼泪。

我在阿关怀里哭得梨花带雨的时候，夏至走进了厨房。他说，过两天再一起做顿饭吧，我买了下个月的机票，宿舍一到期，我就回国。

3

没错，宿舍快要到期了。

秋天考试过后，不断微笑着与拖着行李的邻居挥手 say goodbye，一直沉浸在离别的气氛中，黑白颠倒，酒精泡涨了血管。

毕业设计正在紧张地进行，邮箱里每天一封的宿舍截止日期还是含蓄地将露宿街头的感觉浇人一身。最贴近柴米油盐的困扰不可避免地随之砸落，为了找寻新的住处，我和阿关举步维艰地踏上了租房之旅。

深夜中一闪一闪的烟头，乱七八糟的小屋，窗外的星空。经常半夜两点才睡，两人逼逼叨叨地骂房东骂到三点半，我刚要合眼又会被他叫醒。

阿关说，呆呆，我睡不着。

我说，硬睡。

硬也睡不着。

那就软着。

你正经点，万一找不到房子没地方住了怎么办。

这是一个非常严肃并且富有营养的问题，但对于我来说其营养价值超越不了睡觉。过了一会儿他又说，要不然我们再起来看一眼招租广告吧。

此时对话出现难度，因为他扭头看见身边的女人不知何时已然昏昏睡去。

因为我想他并没有说看什么具体广告，我也就不需要费劲想明白我为什么非要在半夜爬起来看广告，所以我睡着了。我是一个经常被指“不靠谱”的人，这个你可以去咨询我妈，她会在你把“关于小青是否不靠谱”这个问题抛向她之后的三至四个小时内，向你罗列我从小到大干过的各种匪夷所思的事情。

事实上，我只是在所有的所谓正事面前昏昏欲睡，同时花时间费劲想那些永远想不明白的事情，然而这些事情在别人眼中往往非常地无聊。

比方说，我初中时候不明白为什么物理老师说，“物体的颜色不是它本身的颜色，而是光照在上面，它吸收了光，不吸收的就是它呈现出来的颜色。”这个问题，让我的物理成绩乾坤大挪移。因为想不通这个考试从来不考的问题，使得我对物理的兴趣急转直下，一落千丈，永不翻身。

还有很多别的例子，我都记不住了，总之来伦敦以后，我妈对我的批斗多了一个男性继承人，那就是我的枕边人阿关。很不幸，他是律师，能提供呈堂证供，具备很强的说服力。

他手里把握的，有关我“不靠谱”最有力的证据，是有次我和他在房里上网，听见淅淅沥沥的雨声，他想起几天前晒在楼下的衣服，便对我说，呆呆，你去看一下是不是下雨了。我立即执行了他的指令，并迅速返回对他说，是下雨了。这个故事的高潮发生在四个小时后的傍晚，阿关下楼经过院子的时候本能地感到似乎气场有什么不对，一股令他不安的电流越来越快地蹿上他的神经中枢，他倒退三步，扭头张望，霎时间，大脑通电，被雷得焦黑一团。

院子里，我们晒的衣服在风雨中摇摇晃晃地摆动。

“你怎么不收衣服啊！”

“你是让我去看下没下雨，你没说要收衣服啊！”

“我让你去看下雨没有，就是为了如果下雨，你好把衣服收进来啊！”

“我去看的时候衣服已经被雨淋湿了，没有收的必要了啊！”

“怎么会没有必要啊，你看见下雨了就让衣服被淋着啊！”

“它们已经被淋湿了啊，我冲出去于事无补，至多是让我自己也被淋湿啊！”

“好吧，我去死了。”

世界上有些事就是如此奇怪，例如，一个没有计划活不下去的靠谱男青年居然欢欣鼓舞地要跟一个令他抓狂的不靠谱女青年同租一间房子。在此种情形下，他所能做的唯一事情，就是默默起身开电脑看广告，装作不经意地将我吵醒，迫使我和他并肩躺在床上哈欠连天地登陆各大论坛。头发蓬乱眼睛红肿，人生最丑一面新鲜出炉，横空出世。

4

那段时间，我们目露凶光，性欲减退。每天从床上弹起，像陀螺一样满屋打转。跑遍了伦敦的大街小巷，有时坐了地铁又坐公交。在细雨中呐喊，让暴风来得更猛烈吧。唱着生存的压力和生命的尊严哪一个重要。房东或忧郁或冷漠，像单元剧的男女主角一样每天挨个在我们眼前晃。

有洁癖的意大利老太婆，背着破包一瘸一拐的中介托儿，在阿三中介工作的香港女人，Kentish Town 的光头胖子，口音浓重的福州男女，带着天窗却没窗帘的阁楼，满屋咖喱味让人作呕的 flat，活像仓库的政府房……

远郊菜场边的 house，途经每日火并、生生不息的“抢菜帮”。传说中十点之前不能做饭，十点之后不能洗澡。

想体会一次上层人的优越，咬咬牙狠狠心，认真策划一路如何放房东的鸽子。市中心的温馨大床灰飞烟灭，穷鬼的二人世界最终还是只能一逞口舌之快。

最词穷的一天，居然找到了一间像黑社会窝点一样的危楼，操着广西口音的大叔带着战战兢兢的我们走上肮脏不堪的楼梯。隔壁的马来西亚男人打开房门，瘦如枯槁眼眶凹陷，用杀气腾腾的目光看了我们一眼，看得人不寒而栗，就好像我们杀了他老爸，干了他老妈，让他当上了哈姆雷特。

5

坐在公交车上，我常常意淫着在直升机上俯拍下我们每天的行动，然后快进着播放，是不是会看见两个人在伦敦的几个区到处乱窜，像小时候放的一种点燃了满地飞的花炮。

因为胆气不足，我们最终还是告别了哈姆雷特，无缘当他的邻居。我继续回到 Hawkridge 的厨房洗米熬粥，蒸汽冲上来，额头上的汗水混着眼泪扑哒落地。十足一个绝望的主妇。回到房里看见阿关忧愁的表情，急忙像川剧速成班刚刚毕业的同学，换张可爱的小脸。

他仍旧在我对正经事漠不关心的时候生气。气得狠了，免不了冲我怒吼。我眨眨眼睛，小嘴撅起来，不知他为什么那么大脾气。然后就自己默默地走到墙角，蹲下吃东西。一会儿之后，会听到他在背后叫我。

呆。

委屈的眼泪就一瞬间溢满眼眶，转过脸来望着他。胆怯。

阿关……

他急忙张开双臂抱我起来，让我骑在他怀里，摸着我的鼻子说，呆呆别难过，阿关不该又凶你。我小嘴一扁说，“我今天和你看房，活生生地走坏了一双鞋。”说完抬起脚来让他看。鞋的骨骼已经凸了出来。“硌得我脚疼死了，每走一步都像上刑。”

阿关很心疼地帮我脱了鞋，说小河马的小马蹄好可怜。我泪水决堤，边哭边捏着阿关的脖子说，“小马蹄不可怜，阿关每天上网看房，阿关的颈椎才可怜，我帮你捶捶背吧。”

6

呆呆。没有地方住了。

拖着疲惫的身躯，我们相互依偎在夜间公交车上颠簸。老掉牙的台词。悲观主义的代言人。

我不知该如何安慰他，他却紧紧握着我的手。笑了。

7

我有一个非常顽固的记忆是发生在伦敦的秋夜，一天疲惫地看房之后，我和阿关在深睡中被火警吵醒。屋外又开始响起了脚步声，慌乱的走动，叽叽喳喳语焉不详的对话。被子里非常闷热，混沌的意识，巨大的火警声音覆盖了一切，在黑暗的房间里将我整个包围。我的脑子里、身体里、耳膜、鼻孔、牙齿，身体的一切器官都被那个强大的刺耳的声响缠绕，勒紧，我闭着眼睛，觉得这是一个血腥的恐怖片，我会在下一秒钟爆炸，像个多汁的西红柿。我含糊地对阿关说，我们要不要出去。他也醒着，但我们谁都没有动，在满世界巨大的喧嚣中坚定地一动不动。

阿关说，不管，不出去，死就死吧。

这个回答没有给我带来任何波澜，我是说，我觉得这就是我想象中的正确答案。我想就这样躺着，即使身下的楼房已在坍塌，整个世界溃败下来化为灰烬，但这与我何干，我惊讶自己居然如此无知觉地倾听着和感受着死亡迫在眉睫。

也许明天早上我们会在一片废墟中死灰复燃，站在相同的地方彼此望着对方表情像此刻一般从容不迫。想到这些我非常激动，手心出汗，比在后摇的现场喝一口汤力水跳进错位躁动的人浪还激动。我叫着阿关的名字，我说，那我们抱在一起死掉好了。他把我拥进怀里亲吻。突然这感觉有些陌生，这种陌生感让我紧张，似乎回到了初次接吻的夜晚，是的没错，在穿透现实与梦境的巨大警报声里，我的全身再次为这个吻绽放。

他疯狂地吻我，对我说，都没有地方住了我们为什么还要这样。

我说，没有地方住就住到桥洞下面去，就住在阿尔卑斯山的山洞里面去。

他说，真是疯了。

我说，对，我就是疯了。

阿关用被子把我们两人一起裹住，说，那我们现在就假装在山洞里吧。我说好。我们就闷在一起讲些莫名其妙的疯话，笑到人仰马翻。

我用盖过警报的声音冲他大喊，阿关，都没有地方住了，我们为什么还要笑。

他对着我的耳朵小声说，我不光要笑，我还要和你打炮。

窗外风雨飘摇，警报一声高过一声刺穿我们的耳膜。我们像两个山顶洞里的野人夫妻，末日狂欢。

8

我在之后的若干天里都不曾有过那晚的状态，似乎转瞬即逝一去不返，就这样滑过了我 23 岁的脉搏。而我能记住的似乎也只是只言片语，那些笑声，宿舍的味道，其他的就只剩下了警报的轰鸣。

对了，还有。

还有在一切安静下来的时候，我爬出被子起身赤裸身体趴在窗边，秀发凌乱地站在淡淡的寒冷中，拉开窗帘问阿关，几号了？

你是问伦敦，还是北京？

我望着窗外，景物安然，并没有大火灼烧的痕迹。脚下一切照旧，如这生活般坚实美好。远处有几只呆头呆脑的麻雀，在快要破晓的伦敦街道上腾空而起。我点了一根烟，许久……才发现世界原来可以如此地美妙而富有哲理。

9

现实是残酷的，风景是美好的，一如脑袋中的想象。

每当我企图严肃而认真地向别人描述一件美好的事情的时候，我心里就会有无数的小傻逼跳出来，集体指着我大喊，你这个装逼犯，别装大逼了，蒙谁啊，蒙谁啊!!!

像所有人一样，在回忆过去的时候我不能保证自己始终是忠于事实的，人们在做这件事的时候都会本能地剔除那些糟糕的部分，并且不断说服自己相信那些被强化的美好。司思的一个朋友去巴黎旅行的时候一下火车就看见一坨屎横在广场中央，她说，当时我就哭了——我非常理解她。巴黎应该是怎样的？香榭丽舍大道，优雅至死的女人，陈旧的卢浮宫，塞纳河畔的玫瑰。这就是我为什么一直不喜欢贾樟柯的电影。我是一个伪善的人，或者说，究其本质是因为我胆小。生活中的一切，金玉其外，败絮其中，能撕开血淋淋的伤疤把破败、丑陋、肮脏、腐坏拿出来面对的人是无畏的。一如那个去巴黎旅行的同学，她和她的所有同伴不约而同地回避掉了那个难忘的广场，非常努力地调动自己的情绪去不断感叹法兰西的伟大。时间长了也就完成了催眠，是的没错，巴黎就是那么美我们不要再去怀疑它。

夏至葬礼后的一个星期四的傍晚，司思一个人坐在操场的边上看一群陌生的男人踢球，其实她没有看他们，她在想她自己的事情。远处一个人向她走近，由于长期用眼过度，她看不清楚，或者说她根本没有注意。直到他晃晃悠悠地走到跟前她也没有看分明。司思站起来，茫然地想想这中间似乎没有什么不对，于是转身离开。走了很远回头看看，操场空空荡荡，他早已消失不见，不知为什么大家也都走了。

他长着和夏至一模一样的脸。

“我看见夏至了。”在向我描述这件事的时候司思语无伦次。我低头不敢看她，夏至车祸后的整整一个月我都没见过她，也不敢给她打电话。之后极度漫长的一段时间司思都会隔三差五地给我讲述各种灵异事件，听得我提心吊胆，半夜尿急都不敢起床。

她说在某个夜晚她发现自己动不了了，怎样挣扎都无济于事，她睁眼看见夏至抱着她，说，再动，这么不乖。她就不动了，任由他抱着，冲他甜甜地笑。可忽然夏至就消失了，房里空空如也，她猛地惊醒，胳膊腿挥动自如。懊恼，怅然若失，强迫自己继续入睡，紧闭双眼，却听见了夏至的声音。

你又当真了。

10

司思一直形容自己有“斯德哥尔摩综合症”，被夏至误解之后，她像一个吹得鼓胀的气球突然被撒了手，满世界乱飞乱撞，六神无主。夏至的 24 朵玫瑰扔在她身上，摔碎了她所有的自尊。

夏至不接她的电话，她就流着眼泪发长长的短信向他解释，却仍然得不到任何的回答。她拨通我的手机，却意外得知了夏至快要回国这个惊人的消息。司美眉顿时把持不住，五雷轰顶，说，我现在就过你宿舍来，你一定要给我开门。我停了停告诉她，夏至已经好几天没回宿舍了。

伦敦的夜晚万籁俱寂，Bond street 却一如既往地繁华喧闹。Fenwick 商场里购物的美妞们拎着大包小包成群结队地进进出出，她们忽然停下脚步，看着一个中国女孩穿着高跟鞋，捏着大衣领口，歪七扭八地在街道上飞奔而过。

司思冲进 Forgotten 的时候，夏至正从背后搂着一个高挑的长腿美女跳舞，手放在美女的腰上，美女也很配合地腰肢抖做筛糠。夏至在她屁股上拍了一下，对着她的耳朵温柔地说，晚上跟我走吧。美女手里端着 bloody marry 正被耳根小风熏得陶醉，忽然手里的酒杯毫无征兆地被一把抢走，还没等她反应过来，就被番茄汁混着伏特加，夹杂着冰水和芹菜叶铺天盖地地泼了一脸。

直到午夜过后，夏至连哄带赔不是外加掏空荷包才平息了美女的震怒，否则司思非得在酒吧里闹个血溅当场不可。他攥住司思的手腕把她向外面拖，司思扭过手来在他身上又锤又打，不顾酒吧里男男女女对中文骂街的愕然，哭喊着你为什么不接我电话，你干吗不相信我，我说的都是真的啊。夏至脸色铁青，像个晚期肺痨患者，拽着司思走了无数条街，直到最后在路口找了个关门的巧克力店，店里灯光温暖，门上挂着个呆头呆脑的鸭子图案花环。夏至借着灯光松开司思的手，掏出打火机点上烟。抽了一口，抬头看天，嘴都不张地吐出一句，咱还是分了吧。

司思一句话都不说，先是哭，捂着嘴哭，张着嘴哭，哭得喘气，胸口剧烈地起伏，浑身抖得像被乱枪扫射。后来见夏至没反应就哭着上去打他，一记摧心掌打得夏至险些呕出四两血。

司思说，"你有心吗夏至，你摸摸你的心，你不爱我了吗！"说完嘴唇又开始发抖，整个人扑过去抱着木头一样的夏至，把鼻涕眼泪蹭到他身上，小手攥着他的衬衣揪。

前几天我们还那么好……

夏至望着被她揉得乱七八糟的衬衣，心里皱皱巴巴的，想起在谢菲尔德的时候清早起床她在阳光中柔软的发丝，花朵般娇嫩的身体。而此时这身体就在他身畔，他却无力再去触碰一下。

你忘了吗，我去谢菲尔德找你，我生病了，你抱着我说你怕你不能好好爱我，怕伤害我。如果我的病能马上好，你愿意万劫不复……

我没忘，我都记得。

那你现在呢？

现在我累了。

司思从夏至身上离开，喘着气望着他，如同看一个陌生的路人。

什么意思，是我让你累了？我以后都不跟你吵架了还不行吗？

夏至突然烦躁地推开她，说，我累了，我要回宿舍睡觉。

司思慌慌张张地拦住他，"你是不是还是不相信我和纪泽没什么，我打电话给他，让他给你讲。"说着哆哆嗦嗦地掏手机，边掏边挡住夏至不让他动，"我和他真的什么都没发生。"

你不明白吗，你和他有没有怎样这不重要，我和你迟早是要分开的。

为什么要分开！我不和你分开！！！

远处的路灯橘色的灯光忧伤而暧昧，两个带着圆顶帽子的警察一起朝这边走来，边走边议论，用怀疑的目光打量夏至。夏至拍了拍司思的头对她说，“你小点声，你喊什么啊。”这个举动让司思莫名其妙地感到一丝温暖，她一头扎进夏至的怀里，“不分开好吗?”

好好，不分，咱别闹了。

夏至拉着她的手，从巧克力店门口离开。晃晃悠悠地走到主路上，已然弄不清方向。他淡淡地随便挥手拦下一辆出租车，二话不说拉开车门就把司思塞进了车里。对司机叮嘱一番，自已却站在车外。

司思把车门打开，疑惑地望着他说，你干吗呢，进来啊，你不和我一起回去啊？夏至说，你自己回吧。司思急了，说，你怎么回事，刚不是说不分手了吗，你又怎么了？

夏至起身朝马路对面扬长而去，临走抛下一句话摔在地上，字字句句却碎成大小的珠子弹得老高，蹦到司思脑门上，砸得她眼冒金星天旋地转。

夏至说，我随便说说，你看你，又当真。

11

数学上有一个著名的莫比乌斯圈，它是一种单侧、不可定向的曲面。因 A. F. 莫比乌斯发现的而得名。将一个长方形纸条的一端固定，另一端扭转半周后，把两端黏合在一起，得到的曲面就是莫比乌斯圈，也称莫比乌斯带。

据说莫比乌斯初次做成圆圈的时候，捉了一只小甲虫，放在上面让它爬。结果，小甲虫不翻越任何边界就爬遍了圆圈儿的所有部分。莫比乌斯激动地说："公正的小甲虫，你无可辩驳地证明了这个圈儿只有一个面。"

这个事实继而向人类证明了在莫比乌斯圈之外的空间，宇宙时空的任何空间之处，也只存在一个面。如果宇宙时空的任何空间之处只存在一个面，那么我们就可以认为宇宙时空中的任何一点与其它的点都是相通的，即整个宇宙时空是相通的，任何一点都是宇宙的中心，也是宇宙的边缘，宇宙时空中的任何物质也都是一样，也都处于宇宙的中心，也都处于宇宙的边缘。

我走在街上，看来来往往的人，形色匆忙，路灯下的情侣在接吻，楼道口的夫妻在吵架。2002 年我在城中村的话吧里，边听着含糊不清的越洋电话，边看光着膀子的男人们坐在路边唾星飞溅地谈论世界杯。2004 年我趴在干燥的阳光里，把大学宿舍的样子画在寄往南半球的信纸上。2008 年我站在北京地铁站陪失业的男友等待最后一班地铁，那时候风吹着旧报纸在肮脏的站台上舞蹈，他紧紧抱着我说，"如果这辈子你都不离开我，我愿意万劫不复。"

我想起那时我的视线越过他的肩头，看见一个戴着眼镜的女人，和一个灰头土脸的男人。他们彼此站得很远，应该互不相识。他们有着怎样的过去？他们是否会在下一个不确定的时空认识对方？他们要恋爱吗？他们什么时候分手？

莫比乌斯圈。

我不知道一段恋情意味着什么，为什么人们都要在分手的时候释放自己久积在心中的怨愤换取快感。到底是因为一段生命的苦痛将被另一段生命取代，还是一摊凌乱的记忆需要被一场狂乱的风刮个干净？也许每一次恋爱我们都像是赶集的从一个吵闹的菜场迁徙到另一个，只是收拾残局的时候要为自己劳而无功的买卖挣扎着喊一嗓子罢了。

一切走来走去，最终却是开头。

12

9月。伦敦。2010年。

司思和夏至之间最荒唐也是最激烈的一次争吵发生在夏至回国的前一天。人声鼎沸，车水马龙的街道上，司思抓起他的手使劲抠下去。酒精让情绪亢奋，指甲立刻陷进他的手背。他一把甩开她，用了很大的劲，甩得她踉跄着退了一步。

他沉默着过马路，在她前面很远的地方，并且没有回头看她一眼。

24个小时之后，这个男人登上回国的飞机，第三次离开了她。

司思在一周之后也订了回国的机票，那天我们最后一次在伦敦一起喝酒。依然是昏暗的灯光，窗外的世界也依旧安详。远处教堂若隐若现。

她说你记得吗，去年 12 月 6 号，说是一个什么节，忘记了。我们在食堂吃饭。

我说记得，有一个像是圣诞老人的年轻人，拿着法仗，还有一个黑人扮演的可能是精灵形象的活宝走来走去，手里有糖果，没给我。

“嗯。交钱的时候收银胖大妈给我发了个巧克力，你无耻地又要了一个。”

我笑了，她却望着窗外，“据说那个节日是要帮你找回小时候的回忆，那都是外国人鬼扯的事，我小的时候可没有听过每个 12 月 5 号的晚上要放一个碗在家门口，也没有听过圣人会送你糖果的暖乎乎的基督教故事。

但走在路上的时候，我拿着巧克力回忆着自己的童年。突然觉得孤独得可怕，从来没有人跟我谈论感情。这是种缺失，可我根本就不愿承认这种缺失。因为承认了，就等于说自己一直是个不会爱别人的蠢货。

后来我没有吃那个巧克力。”

“我知道，你送给夏至了。我在他桌子上面看到了。”

“是啊，我们在谢菲尔德过冬，他在有壁炉的屋子里学我睡觉的姿势睡觉，后来他睡着了我却醒过来。我望着他，我在想，他有一个什么样的童年？”

司思说到这，抱住自己的肩膀，把脸埋了下去。

“你说，为什么我睡着的时候他都醒着，他入睡我却又醒来。”

很久之后，我依然不能忘记跟司思喝得晕晕忽忽，庆祝她凄凉的单身。孤独的人世界观是扭曲的，是么？这让我想起某人说动物弱小才会用强大的咋呼能力恐吓别人。吵架，闹腾，翻天覆地，大闹天宫。分手，纠缠，反反复复，打烂凌霄殿。会不会也是因为孤独呢？

世界这么大，情况这么复杂。岂是两杯红酒能说清楚的。洗洗睡吧。

13

闭眼的一瞬间，我又听见了窗外轻轻敲打的声音。伦敦的夜幕低垂，有个来自利物浦的尖鼻子天秤座男人冲我笑笑，在我窗上写着。

Let it be.

十六

1

小的时候流行买一种毛绒绒的小鸡，被染成各种颜色，小小一团惹人爱怜。可是往往养不活，悉心照料，换来隔夜后的惨死。清晨雀跃着醒来，看到它们一动不动，阳光里的画面痛彻心扉。某个夏天又开始流行抓蝴蝶，你追我赶地折腾，最后兴奋地把蝴蝶放在落满灰尘的厚重字典里，啪地一声。空气钝重地沉沦，而我所有的欢乐会在那一瞬间戛然而止。

很久之后，有人对我说，他的梦想是每天早上去上班，老婆为他打好领带，临别亲吻，送他出门。这个梦想很美，但我却莫名地想起了纸盒里的小鸡和字典里的蝴蝶。

于是我发现，你永远不能理解别人为什么娶了个凶恶的老婆相亲相爱，或者找了个木讷的媳妇柴米油盐——某一种生活只会给别人带来快乐，于你自己却是不安与束缚。今早的梦里我在利物浦的海港旁边望着大海唱 *Yellow Submarine*，跳过阳光的痕迹，上帝偏爱利村咸咸的海风。

"In the town where I was born lived a man who sailed to sea

And he told us of his life in the land of submarines

So we sailed up to the sun till we found the sea of green

And we lived beneath the waves in our yellow submarine"

这是我爱的生活，我愿与之在无人知晓的温暖角落相拥入眠。

2011 年 10 月里的七天或者更多，我几乎是足不出户地在家呆着，泡面和卷烟一直没有下火的痕迹，打了无数个电话，咨询了无数个商家，黏土做的河马会裂开，我没法解决这个问题，我真想倒头就睡去。

朋友劝我不要辞职。人嘛，再怎么着百年之后还不是一片烟云，怎么折腾都会化成一股灰烬，不是有个什么蝴蝶效应，还有个什么平行宇宙，或者是什么小岛惊魂，都成那样了你说还穷折腾干吗，要是整天能在不同空间里面跳来跳去还用费这劲。闲得蛋疼。

不是我不承认自己闲得蛋疼，我是说，这词用我身上确实不合适。你问为什么？那我只好找张徐怀钰的专辑挡住脸了。

没听过？乱讲。街口大妈都会唱。

《我是女生》

2

我抬头看了看。店门上写着“磁器儿”。这是一家在北京胡同里的瓷器玩偶店。

我在一个凄风冷雨的日子去美院找人翻模。学生不屑一顾，连工人师傅都看不上这种不挣钱的活。我带着“尼玛”回家，路上一失手把装着他的包掉到了地上。一辆自行车从旁边骑过，车上的人用莫名其妙的目光看着我扑过去捡起包，拿出尼玛心疼地望着他。天色阴沉，我独自回家的时候路过了这家瓷器玩偶店。

是不是简单的和弦就不能写出动听的歌；是不是我的声音不够好听，就不能打动你呢？

我敲了敲门，走了进去。

3

“我喜欢你的小河马，他好帅啊。你坐下喝杯水，过会我们谈一谈看能不能合作。”瓷器店的老板给我倒了杯茶，转过身来，看见我，有些吃惊。

“欸，怎么了这是？”

我站在他的对面，眼泪夺眶而出。我咬住胳膊，又一次哭得无声无息。

4

我至今仍记得那个叫 White City 的地方，和那个阳光很慵懒的下午。

那天夏至登上了去往首都机场的班机，方佳在远离市区的地方租房找了个接电话的差事打工，Linda 去了德国跟随她的金发男友，纪泽申请了 PHD 安安静静地等待消息，司思望着满屋的回忆，愁容惨淡地收拾着回国的行李。

很久很久之后的某天我想起夏至登机前对我说的话，仍旧觉得高深莫测。他说，小青你知道吗，你就是太长情，在你爱上这段感情本身的时候，你就无力自拔地输了。

于是那个下午，失败者小青又和阿关一起出发去看房。

车窗外面的草地上，小狗在打架。我回头对阿关说，我总觉得这幕情景我会时常想起来。

为什么呢？

我也不知道，我突然觉得要是我们能在伦敦久住，养两只这样的小狗，每天看他们打架，定期去超市，可以闻到阿三店里刺鼻的气息，和烤面包的香味，在阴雨连绵的时候坐在家里的大窗台上，看厚重的窗帘外面，潮湿的天空，像《呼啸山庄》里面写的那样，会不会也很好？

阿关说，呆呆又开始可爱了，哪来的大窗台，我们现在连住的地方都没有。

我说，我只是突然之间这么觉得。

于是百无聊赖的公车时光，阿关看着我说，再学个河马给我看看。

我就鼓起嘴。

如果将来有时间，我一定要设计河马家族，阿关你会支持吗?!

会永远支持。

5

现实太锋利，梦想太柔软，也许断了的就该让它断了。

如果 White City 就像 white lie 一样只是一个圆场的谎言，那信以为真的人在坚持的，究竟是什么?

6

那天晚上，在几近窒息的绝望气氛中，我们来到了一个叫做 Seven Sisters 的地方，找到了我们在伦敦的最后居所。

那是我们那天看的最后一处房，一栋住满中国学生的 house，留下招租的，是一个小小的阁楼。很大倾斜的坡屋顶，空空的小阁楼，一张床。

阿关疲惫忧虑地审视它，“这能行吗?”

我蹲在很小的窗户前看外面的夜路，兴奋地回头，“这钩花蕾丝窗帘好有爱啊！楼下还有个小花园呢!”

阿关走到我身边蹲下来，说，呆呆对不起。

我说，什么对不起。

他说，不知道，有些难过。

我就摸着他的脸，“阿关别难过，记得我说的，你会成为很优秀的律师。”

可是我们现在要住阁楼。

你别这样说阁楼，它听到会伤心。阁楼怎么了，阁楼多有爱，你看，还有坡屋顶和小窗户！

阿关笑了，凑近我的耳边。

嗯，还有床和你。

7

阿关和我在 2010 年的 9 月搬进新居，两个月后离开了伦敦。

有关伦敦的记忆被定格在了最后的两个月，小小的阁楼，和难得悠闲的生活。交了论文和设计，考试完毕。学业暂时告一段落，每天睡到自然醒，看着照进阁楼里的阳光，打开电脑听 Bon Jovi，Pete Doherty，Greenday，Blur，痛仰刺猬新裤子，王菲周杰伦孙燕姿。

阿关坐在地毯上认真地投简历，偶尔拿起果汁喝的时候会说，呆呆帮我涂一片面包可以吗？

我就用刀挖出巧克力酱，很认真地均匀涂在面包上面，边涂边听见窗外潮湿的树木枝叶上，间隙不断地小鸟叫声。

阿关阿关，带我出去玩嘛，你说了带我去看开膛手杰克。

我嘟嘴站在阿关旁边扭来扭去。

你是扭扭河马吗？

不许你岔开话题！

呆呆我们在宿舍里看踢裆脚布莱恩嘛。（刚认识阿关的时候他说他要名扬伦敦，跟开膛手杰克起名。我说，你有什么技能才艺？他说，踢别人裆。从此我调侃他，说他叫“踢裆脚布莱恩”，和开膛手杰克呼应。）

不看嘛，天天看看腻了。

哼，那我给别人看去。

哼，那我绝种了。

我说完就三步并作两步跳到床上吐出舌头装死。阿关随即扑过来挠我痒痒，我大声尖叫着和他打做一团。

闹够了阿关就回到电脑前面继续投他的简历。我悄悄起身在墙上的纸上写字画河马。我画了个变成植物人的河马，起名植物河。它被种在花盆里，长着弯弯曲曲的茎，和两片弱不禁风的小叶子。

它可真可怜。

画完自己玩了一会儿 QQ 游戏，忍不住又站起来踮着脚尖走到阿关背后搂他的脖子。整个人熨帖在他的后背上，静静地看窗帘之间的流光。

呆呆你怎么了呆呆。

阿关，你把你手机里的“呆呆睡眠照”删掉嘛。

不删。好不容易在你睡觉的时候偷拍的。

讨厌嘛，丑死了，把我照得好像个寿桃。

停顿了一下，阿关突然哈哈大笑，无奈地又停下看书，把我拉到身前，抱在怀里说，寿桃什么样？

我鼓起脸，嘟着嘴，抬起手指着自己。

咦，这不还是河马吗。以呆呆的智商看来，河马和寿桃是没有区别的是吧。

有呀。我强词夺理，“寿桃的脸是红扑扑的，嘴是撅出来的，寿桃是生气的河马，你看。”我又学了个生气的河马给他看。

小寿桃，反正你说你今天是不是不打算让阿关好好找工作了。

阿关不爱我，我发育都停滞了，根本不能健康成长。

阿关过会儿爱你好不好，呆呆先自己玩一会儿嘛……

唔。

8

同一栋房子里住了六七个中国学生，我们和他们变成了无敌贱友。他们有空没空就会到阁楼上来，打牌，聊天，喝酒。他们说，喜欢我们把小阁楼贴满海报，搞得很有情调的样子。为此，我特意画了一只河马和一只野猪贴在门上，写着 Welcome Home。

阿关说，河马是你无疑的，野猪是谁啊？

谁和我同居就是谁啊。

那我为神马莫名其妙就变成野猪了？

那总得有什么和河马相配吧！

野猪阿关当然具备了野猪暴躁的特质，但在那两个月里，却变成了温柔贤良的家猪。

有天我从外面买菜回来，他拿着我在看房时期走坏的鞋兴奋地说，呆呆我帮你把看房的时候走坏的鞋修好了！我说，修它干吗呢？他说，我喜欢看见你的小马蹄穿这双小红鞋的样子。

不仅如此，维修工阿关还帮我修好了搬家期间摔坏的小狗台灯。有天他把台灯拆开看了以后说，“灯泡坏了，恐怕附近没的买啊。”

我大哭，小狗死掉了！

阿关温和地摸着我的头。

“我在你那儿住的第一晚，你用小狗台灯施魔法骗我亲你。小狗死掉呆呆的法力就消失了，所以你才吓成这个样子，以为我不知道吗？你放心吧，它没有死掉，改天阿关帮它做个小手术就活过来了。”

9

呆呆别睡了，起床嘛。

我睁开眼睛，房里亮着灯，阿关把指头放到我嘴边逗我咬，咬到了他又抽走，反反复复，像在逗自己养的小动物。

呆呆！该起床了！！！

我忽然看见阿关在 Tesco 门口和自己分薯片吃，然后盯着我说，你蛮好看的。我就打他。又好像自己在爱丁堡的寒气扑鼻的旧城里拉着他的胳膊，不停地说，阿关，我要喝 hot chocolate！

呆呆，你又在说梦话。

我迷迷糊糊，似乎要再睡过去。阿关却在房间到处收拾东西，在每个角落不停地喊着，呆呆，呆呆。

这个情景似乎反复发生过很多次，我已经不能分辨是在宿舍搬家，在 Seven Sisters 的阁楼里，在曼城的青旅，在利物浦，在湖区，还是在上海。

10

曼城——利物浦——Windermere 英格兰湖区。2010 年 10 月，最后一次和阿关在不列颠岛屿上的旅行。

关于那次旅行，我有一个阵痛而深刻的记忆。

那是在去 Windermere 的路上，火车曾停在了一个小站。天色昏暗，我和阿关从陈旧的地道里走到外面的小路上吹风。我看见遥远的山坡上，隐隐约约的倦怠的羊，和星星点点的灯火，周围有很多用粗糙的石块堆砌起来的房子。

阿关说，你看这里的生活多美好，住在这样的房子里，每天下午四点就不再工作，拿着鱼竿去湖区钓鱼，晚上和朋友围着炉火喝酒聊天。

我深吸英格兰湖区的空气，感觉自己正光脚踩在湿漉漉的苔藓上，一缕阳光融化了昨夜的寒冷，空气中咔啦的轻响，雾气钝重的沉沦。冬季七个小时的光照，可以像植被一样有时间思考。夏天尖叫着跳进深深浅浅的水坑，裸露的双腿比牛津街的黑丝更热爱紫外线。

明媚的生活，何尝不是我的理想。

苏州有家叫做“猫的天空之城”的书店，可以按照你所要求的时间，在未来的某天帮你寄出明信片。

现实其实远比什么青春还是青夏物语都残酷。我倒希望有人能帮我寄出一年前的明信片。只可惜，时间轴是个单向的东西。

不知何时我变成了一个嘴硬的小孩，刻意回避自己理想的生活，到处跟人讲想要在高楼林立的大都市天天挤地铁上班，装作自己可以适应现实社会。眯着眼睛看车窗外的世界。我不是富二代。我没有存款。没有基金。没有证券。没有投资。没有车。没有房。我还不是 90 后。谈打折，谈八卦，谈论毕业后各自滚向哪里，拜托，该顺便多看看湖南台和 TVB。别老想着拍那些别人看不懂的照片，你不是陈冠希。别老以为自己是个非主流的花朵，充其量也就是朵菜花。

我不甘心。我知道阿关也不。我们像两个抽了大麻嗑了药的顽固分子，在众人的笑骂声中想从中场劲射挂死角，想大声歌唱，想大声叫喊，在环路监狱边，在去买可乐的路上，唱《国际歌》，唱 Basket case。想对着写字楼放声大笑，想对着一个陌生的白领大声喊着：英……特……纳……雄……耐……尔……就一……定要……实现！……想趁这癫狂在太阳出来前还没消失，去看看久违的日出，再对桥下开过的一节节火车竖起中指。

我们盘腿坐在路边，静下来望了望远处的农田和教堂，有一户挂着福字的小木屋，我猜想那是一户中国人家庭，窗口流淌出温暖而熟悉的光。

我紧紧地依偎着阿关，把脸贴在他肩头，仿佛在怕着什么。

阿关我们什么时候回国，是不是该订机票了？明天的明天，你还会带我来英格兰湖区吗？

呆呆你要现实，明天的明天，还是吃水晶之恋吧。晚安。

11

你是一个叛徒。

12

人总是在无聊的时候想回味一些画面，这就像上厕所的时候想看书一样。我曾经也为了显示自己是一个文化人，夹着一本书去上厕所。但这不等同于在图书馆或者咖啡厅，你拿着的书彰显了你的品位。由于上厕所这种行为太过私密，我看的书也就逐渐转为画报、漫画，此类与我实际品位相匹配的读物。我便由此想到是否每个人在玩真心话大冒险这个游戏的时候都说的是真心话，你在给别人讲述一件事的时候，或许多多少少都会带有夸张的成分。

2011 年春天我回国后的一天，很意外地收到了阿关的 QQ 留言，他说他在刚才洗澡的时候突然非常难过，因为想起了在 Seven Sisters 的那次真心话大冒险，如果能够再给他一次机会，他不知道会怎么说。

不知道会怎么说。

我于是又要被迫翻出那些糟粕中不愿面对的回忆。“这个世界上没有王子，只有王八蛋，和假扮成王子的王八蛋。这个世界上也没有公主，只有巫婆，和自以为是公主的巫婆。”这是电影《公主复仇记》里的一句话，不知为什么，我竟然很喜欢。

从英格兰湖区玩了三天回来伦敦之后，我和阿关开始收拾行装，一切为回国作准备。小屋几乎天天弥漫着送行的气氛。同屋的人们每天都设宴摆酒，说是为我们送行，借题发挥地喝到酩酊大醉。在这样夜夜笙歌的气场中，我和阿关因为一次真心话大冒险，爆发了史无前例的战争。

那是一天晚上，没有别人，都是同屋的几个已然混熟的朋友。我们吃了火锅，喝了很多啤酒。然后就一个个脸红脖子粗地开始玩真心话大冒险。因为都是熟人，所以问的问题越来越限制级。例如，有木有被爆菊过，有木有爆菊过别人，等等。

于是有一局打牌阿关输了，选了真心话。我听到一个直戳G点的问题，脑子里顿时“嗡”地一下。

一个女生问，你交的这些女朋友里，你最爱谁？

其实有的时候，看起来认真地是在说笑话，故作玩笑，却其实毫无作假。我当然是希望阿关不假思索地说出我的名字，但我深知他不是这样的人。他太认真，不会说假话，不会迂回。周围人很多，我几乎是用乞求的目光望着他。

然而，他低着头犹豫了。

他说，嗯……

如此的琢磨，认真的权衡，那显然答案不是我。我瞬间觉得自己跌入了一个异次元的世界，看到大家都笑呵呵地看着他，为了面子，我急忙说，行了你别为难了，我知道答案了。

这时候周围的人恐怕是会错了意，纷纷起哄，说，我靠，这不行啊！小青知道了我们不知道啊！你说，你说是谁，最爱谁！

于是在没有成年人阻拦和照看的情况下，我清晰地听见从阿关的牙缝里飘出几个大字。

他说，是……前女友。

有没有听到什么东西碎掉的声音。

非常冒昧地公布答案。那不是我的心。那是我的脸好吗。

阿关这一惊人答案出口，在场群众无不大惊失色。是的，不论男女同时受精，啊不，是受惊。女生是为我深表痛惜，哀其不幸，怒其不争。观察了一下，好几个都目露凶光，紧握手边的凶器，心生杀念。男生是被同类中还存在有这样的傻逼惊得后槽牙疼，经过我的观察，好几个都张着嘴。

但此时的我已经跌入了虚空，像站在除夕夜十二点时候噼啪乱炸的鞭炮堆里，大脑一片空白，有好几分钟思维活动都是静止的。然而此时阿关似乎并没有意识到他做了什么，继而追加回答了另一个极富奇幻色彩的真心话问题。

此问题，无异于雪上加霜，火上浇油，落井下石。问题来源于几个喝高的人，他们说，“你觉得和你发生过关系的女生里，单纯从性方面讲，和谁最好。”

阿关这次完全没有犹豫，琢磨，考虑，声传万里不假思索地指着我大喝一声，啊?！那当然是她啊！

我此时已经不知道该怎么样挽回被阿关的几个真心话，真心得体无完肤的现场。我看到房间里乱七八糟，火锅还在冷清地冒着热气，桌子上摊着杯盘碗筷——是的你没看错，桌子上摊着的，全是杯具。

我很想把自己早已位移的心摆正，但无奈满脑子都是阿关刚刚说完的那句话。

他说，他最爱的是前女友。

忽然之间这一年中的种种向我排山倒海般袭来。想起club里扇他巴掌。想起那个混乱无力的激吻夜晚。想起望着飘摇的雨水在宿舍楼下抽烟。想起一起去旧货市场，我拿着旧唱片和法国淑女鞋，看着他坐在旧书堆里。想起无数个影影绰绰的夜晚喝着一杯 hot chocolate 回家。想起在人群里他举起我看挂着彩灯的超大圣诞树和麋鹿。想起在卖奢侈品的橱窗前一起竖起中指然后大笑着跑掉。想起跨年的夜晚冰冷的双脚和隔天早上洗衣房前的吻。想起那些裹着棉袄搓着双手跑去便利店买薯片夜晚的寒气。想起自己有时半夜发疯想要去找他，站在伦敦的大风里，空无一人的车站和照亮脸颊的车灯光。

想起某个很累的傍晚，两人都不想去厨房做饭，就躺在床上拉上窗帘。我对他说，嘿，我听见打雷了，你听见吗？

他在耳边说，你幻听了，你又在期盼什么，你在期盼什么？

13

不知过了多久，记忆中我已然忘了大家还在游戏，直到忽然有人推我，说，小青，你问个真心话问题吧，一直是我们问，你都没问过。

于是大家都看着我，我手里攥着一瓶没喝完的酒。

我歪着头，眨巴眼睛，望着阿关，一字一句地说，好呀，我想到问题了。

我的问题是，你们觉得我像个傻逼么？

14

房里突然安静。

我借着酒劲又说，怎么没人说话啊！不是真心话大冒险，必须说真心话吗！那你们觉得我像个傻逼吗?!!!

阿关一声不响地望着我，如同回到了那个我发疯一样撕画的隽永的时刻，也是同样复杂的眼神。我开始抓着手边的牌到处乱扔，一边扔一边喊，问你呢！说话啊！你是把我当傻逼吗!!!

围观群众开始进行教科书一般的劝架活动。小青怎么了！别喝那么多！快把酒放下！快别喝了！

我死死攥着手里的酒瓶，大喊着，“我不！我就喝怎么了！我高兴！！！”有个女生一直摸着我的头说，“别喝了，咱不是做游戏呢吗？是做游戏，咱别这么当真成吗！”我摇摇晃晃地站起来，说，“不当真?！干吗不当真?！我告诉你们，我特别认真！我就是想知道，你们现在是不是觉得我特别像个傻逼！！”

说完转过身，晃晃悠悠地上楼往自己房间走去，视线里满是酒后放大的事物，楼梯，窗户，向自己虚晃着飘荡而来。忽然之间意识到自己不知何时已经有眼泪流下来，用手一摸，满脸都是。我扶着墙站在两层楼的中间，头疼欲裂。听到身后的脚步声，回头看见阿关眼神忧郁地望着自己。他伸出手来扶我，他说，呆呆……

我飞快地踉跄上楼，中间差点摔倒。推门。在小阁楼的地毯上腾地一声坐下。坐在我熟悉的温暖灯光里。忽然之间，放声大哭。哭得肝胆俱裂。掏出电话开始乱七八糟地打，根本不知道拨出去的是谁，国内国外，一律等对方接起来就冲着电话里痛哭着喊，我爱你！！！你说！！！你爱不爱我！！！

阿关坐在不远处，静静地望着我。他的目光，在我酒后的意识里像狂风大作时候随风咔拉作响的干枯枝桠，摇摇欲坠。

15

不知道折腾了多久，也许我哭累了，开始衣衫不整地扶着地起身，下楼去洗澡。快要走到浴室门口的时候被身后的人拉住了，回头看见是阿关。

走廊灯坏了，黑漆漆的，像日系恐怖片的布景，以往我每天洗澡都要阿关接送才能顺利进行。

阿关眼神忧郁，然后他说，呆呆我是爱你的啊。

我朝他笑了一下，转身要进浴室。

他又死死拉住我说，你别走，你别这样！

我就顿了一下，抬头笃定望着他，看了好久，好像画面定格一样没有人把目光从对方脸上移开。我说，那我要怎样。我怎么了，有什么问题吗，你说，我要怎样呢？

阿关说，我只想让你知道！！！我是爱你啊！！！

我没有等他说完就抢过话来，又是性爱对吧。

阿关皱着眉头，“我就是不喜欢你的这种态度！”

我嗤地笑了，那我要什么态度？你不是不喜欢对别人说爱吗，你不是觉得这很难说得出口吗，你不是觉得油腔滑调甜言蜜语你都瞧不上吗！那你还跟我说这个干吗？！！！

僵局，长久，然后我说，我要去洗澡了。拉开浴室门要进去，却又被阿关拉住。

他说，呆呆你是不是又难过了，对不起。

我说，我不难过啊。

你每次都这么说！！！你明明就是很难过！！！我只想让你知道，我是真心爱着你的！！！

我静静地望着他，打开浴室灯的开关，幽暗的灯光顿时铺满了一半的走廊，也照得阿关的脸上半明半暗。

我说，别对我说爱这个字了，既然你说不出口！抱歉我不需要！因为我不会难过的。我告诉你我为什么不难过！因为我从头到尾都只是一个炮友!!!

16

砰的一声，阿关纠结的目光消失在浴室门被关上的刹那。

尾　　声

1

2010 年的 11 月，我独自坐在虹桥机场的候机大厅里。

那时候，上海的高层刚刚失火，伦敦的暴乱还没有发生。司思在成都纠结着要不要给夏至发短信说去北京找他，夏至却在群发短信说宝贝我想你了。隔壁的法国女生在屋里等待她的普罗旺斯男友把乳酪和土豆端到面前，Seven Sisters 搬空的阁楼在紧锣密鼓地招租。住在我曾经的宿舍，Hawkridge12 楼 A 的新同学，正站在我曾经站过的窗前，看着伦敦忽明忽暗的天空。

而那时，我正冷清空旷地坐着，望着巨大的落地玻璃外，灰蒙蒙的停机坪听歌。那首歌叫 *Junk Bond Trader*。

忽然有个小女孩在我对面的不远的地方往她爸爸身上跳。她爸就逗她，不论怎样就是不张开手抱她。她就在地上跺脚，扭来扭去，最后哭腔地说，爸爸你为什么不要我。

爸爸就笑着抱起她来。

我无意识地翻包整理东西，突然看到了一起去利物浦时候阿关买来寄给我的明信片。他在上面写着，“呆，All you need is love.”

然后好像有一丝什么东西被从心里抽出来，然后细丝一样越抽越多，最后乱麻一团，我的手开始发抖。

我站起来背上包就往外跑，一直跑，跑得很莫名，自己都没想到合理的解释，却没有原因地一直不停地往过安检的地方跑。

没错我要再看他一眼。

2

喂喂，让我再看一眼。

走啦，看不到啦。

可是我刚才真的看见了。

别骗人了，你一定是幻视了。

呆呆你让我再找找。

找什么？

彩虹啊。彩虹。就在那栋楼后面。真的有。

Dear，那个湿冷的秋日傍晚，我坐在宿舍地毯上暖手。你在电话里对我说，快拿相机下来，我看到了彩虹。我踩着路边残破的树叶看它们在水渍中颓废地伸展溃败，然后抬头看到远处的你。

那天我没有看到你说的那道彩虹。你拉着我的手走过一个个桥洞，翻过草坪外的栅栏，最后我们坐在高大的榉木架旁边，看天色失魂落魄地暗淡。我用指头划过木头边缘的苔藓，问你为什么最近都没有见到附近的孩子在这里攀爬。你却说，你看天的颜色。我抬头又看到我抬头看见剪影般的灰暗里，一抹最后的幽蓝。

你说，记不记得那天晚上在 Camdon，我问你那是什么颜色。而我则轻轻笑着再次回答你这个永不疲倦的问题。

我说，那是画笔调不出来的颜色。

Dear，对我说，你是真的看到了彩虹。是否它也像那条酒醉的夜晚你带我走过的路一样，在没有孤魂野鬼游荡的 Halloween，穿过路灯亘古不变的光线，穿过一条锈迹斑驳的铁轨，和伦敦秋天的第一场雨一起无声无息地飘落。

是否它像每一个路过这里的故事一样，都会最终淡淡地消失在伦敦古老的街旁，如同那些淡淡的迷惘。

3

All you need is love.

机场的广播在找人。从没听到过的姓名，与我无关的航班。飞机在停机坪上平静地等待着广播里要找的男人。他也许在赶来的路上，也或者将永远与这趟即将飞行的巨大机器无缘。

我突然起身朝安检通道飞快跑去。

他在哪儿？他从来没有当众让我下不来台。是的从来没有。他从来不曾和我吵架的吧。是啊怎么会吵架呢，他一直对我那么好。他难道不是一直在照顾我么？那么多次我在他的怀抱里听到他对我说，呆呆你怎么这么让人心疼。他从来木有和我发过脾气。对，就是从来没有。他还难过地捏着我的手说，你不喜欢我的星座和血型，我把全身的血都换了好不好嘛呆呆？

他是爱我的。

没错就是这样，一千一万个没错，他是爱我的。我为什么要对他大喊大叫，说自己是炮友呢。我是有多傻。他一直都是爱我的，我要再见他一眼。

我发病一样地朝安检通道一直跑。

站住的时候看见很多人很混乱，表情麻木的乘客，各种疲惫的机场工作人员，嘈杂的各种人声，和机械声响。我在站定的一瞬撞到了一个不明所以的外国人，他冷冷地，莫名其妙地看着气喘吁吁的我。

4

越过安检通道，和密密麻麻的人群，以及人群身后长长的队伍。我看见阿关之前站着、目送我登机的那块地方。

空无一人。

5

那次酒醉争吵过后的很长时间里，窗外的伦敦每天都是一片阴霾。

这是一个一如既往的秋天，刮着一如既往的大风。

下午三四点的时候天空会突然看见刺破乌云的阳光，我便会在那个时候出门去超市。头发被乱七八糟地吹得贴在脸上，飞进嘴里。某天拎着购物袋走到楼下，一片废旧的报纸被狂风卷起，带着我的视线呼啦啦地发出纸张爆裂的声响，我抬头看见它在半空被风展开的一瞬间朝太阳飞去，冷漠的光从后面照亮了那些陈旧的铅字。我独自站立良久，回头的时候不由自主地望向阁楼的窗口。窗户的玻璃晃了一下，下午四点短暂的光一闪而过。阿关在窗户的后面，与我对视。

“我喜欢这样的天气。”

去年的这个时候我在他宿舍的厨房里煮汤，他站在我身后，望着窗外被狂风卷起的世界这样说。“为什么呢？这天气可怎么出门。”我用汤勺盛起汤，送到嘴边轻轻地吹。“不知道，我就是喜欢。因为它有个性。”阿关耸耸肩。

我把汤端到桌上放下，边搓动双手边说，“我也喜欢，就是好冷。”

他走过来，帮我暖手，一声不响。

“这是厨房哦，今天怎么不怕 Mat 他们看到了。”我笑着逗他。

他却答非所问。“每个周一你和我一起坐 29 路去学校，你下车的时候跟我说‘拜拜阿关’，我都会很难过。”

“难过什么呢？我又没把你的钱包拿走。”

“我不知道，我就是很难过。我刚才在背后看你煮汤我也很难过。”

“你见到我这么难过，那我以后不来见你了。”

“不要。你要来见我的。”他凑近我的耳边，“而且你要跟我一起买一大堆吃的回宿舍，把窗帘拉好，一整天呆在床上。”

“呆在床上干吗？”

“你说呢？”

我撅起嘴，松开他的手，红着脸去盛饭。

“小青。”

我回过头，他站在窗口望着我。“其实即使什么都不做也还是蛮好，我喜欢和你说话的感觉。我说的是真的。”

转眼一年过去了。

我想着一年中的种种，不知不觉走到了房门口。用了很大的力气顶开被风吹得紧闭的房门，阳光转瞬即逝，黯淡的坡屋顶，窗外风雨飘摇，不时有枝叶和石子敲击着玻璃。

阿关靠在门框边。

我视而不见地把门关上。他叫我，我仍向前走。他拉住了我。

“你还记不记得有一次，去年冬天的时候，你穿了双丝袜来找我。”

我不作声，他接着说，“那天你迟到，我很生气。晚上你说，你来给我道歉，说完就从网上下线了。我打你手机，也关机，我就只好出去接你。

那天下着雪，又是晚上十二点了，路上一个行人都没有。我从宿舍出去的时候就匆匆忙忙套了件棉袄。我看见外面雪那么厚，就很怕你出事，一路上想着各种各样可怕的事情。后来走到路灯下面的时候，抬头看见你远远地经过那些花园从雪地上跑过来，居然还穿了双破洞的黑丝！”

“那不是因为你说你喜欢朋克妞吗？”我忍不住抢过话来。

“我当时想生气，想问你干吗不开机，还是手机没电了又忘记充。想说你大雪天半夜穿成这样一路走过来多让人不放心。这时候你看见了我，突然朝我特别高兴地跑过来，就像个雪地里的小鸟，扑地一下跳进我怀里。

我就一下子发不起来火了。呆呆你还记得你说什么吗？”

“我说，阿关你不是最爱朋克妞吗？今天我特意装作朋克妞给你看，说，你爱不爱我！”

“我爱你。”阿关突然把我抱进怀里。我的眼泪刷地流了下来。“如果当时我没有告诉你，现在我告诉你。我爱你，一直都爱。也许我自己也不知道是什么时候开始的。也许你不能接受我爱你的方式。但你一定要相信我。”说到这里他哽住了，而我的泪水却已经无法停止，扑扑嗒嗒的落在他肩上。他用颤抖的嗓音继续艰难地说。

“这世界上只有一只叫呆呆的小动物，她是一只小河马，她每天都说，只有爱才能让她健康成长，如果没有爱，她就会绝种。她给我煮饭，煮绿豆汤，用糯米捏肥肥的小兔子。她每天偷偷去吃冰淇淋，等到我发现就只剩小半盒了。她吃完巧克力会把糖纸塞回去，假装没吃过，以为这样就能骗到我。她说她是我秘密的小姘头，于是有人来我房间的时候，她会藏在我的被子下面。她是那么小一点点，用被子一盖，我每次都以为她真的就消失了，就会很担心。因为我答应她，在她没找到男朋友的时候，会一直照顾她。我没把她照顾好，她怎么能就消失了呢。

其实她没有消失。等人走了，我疑神疑鬼地掀开被子，她会尖叫一声朝我做鬼脸。她从来都没有从我身边消失过，即使大家都觉得我是个怪胎，她也每个周末都会出现，陪着我躺在 Max Rayne V10 的小床上，挤在一起看窗外下雨。”

阿关死死地用胳膊箍住我，把脸埋在我潮湿的衣领上，如同浸透我整颗潮湿的心。那里有一株在温和的天空下生长的植物，它平静地生长一如我们平静的外表。然而它疯狂地爱着这放肆的生活，爱着没有玫瑰香槟的爱情。疯狂地像我们对即将离去的地方的留恋，像下午四点的光一样穿透一切，像 Camden 的羊皮卷《圣经》一样，傲慢的无人问津的隽永。

狂风吹得窗户嗡嗡作响，我和阿关泣不成声地抱在一起，如同站立在湍急的流水中相互搀扶。

呆呆，无论结局是什么我都希望你相信。

我爱过你，非常的爱。

6

真心话事件之后的很多天里，我都不再变河马给阿关看。

阿关每次用手按我的鼻子，我都毫无反应，脸部纹丝不动。阿关很着急，说，咦，开关坏了吗？我说，再也修不好啦！阿关说能修好的，我每天都修，不信修不好。我说，永恒修不好了！坚持也没用！

此后每天睡前，阿关都捏着我的鼻头揉很久，嘴里说着，维护开关维护开关。揉着揉着，会忽然说，咦，你没有鼻梁！我就会跳起来愤怒地说，你怎么这样，虽然我鼻梁不高，你也不能对着我的脸说我没有鼻梁啊！你想过鼻梁的感受吗！鼻梁听到会难过的！

阿关就会淡定地又把手放在我的鼻头上继续揉，边揉边说，"它不会难过的，因为它就不存在。"

阁楼上的日子平淡简单，他却想方设法充实着生活。

我们拿着剪刀和铲子休整楼下的花园。拔掉野草，捡些圆滚滚的小石子铺在路上。在雨后的天光下用潮湿的野花做成花环。"呆呆你再变个河马给我看嘛，开关都维修那么多天了！"他冲过来用沾着泥巴的手摸我的鼻子。我掀起水桶里的水花，洒到他的裤脚上，然后大叫着跑开，跑到远处望着他笑。

"笑毛啊！"他生气地看着我。

我定定地看他，嘴忽然微微鼓了一下，立即又瘪下去。

"啊，有希望，是小河马有知觉了吗？"他从远处跑过来一把抱住我，我笑着扑进他的怀里。他摸着我的鼻子说，"就知道，小河马迟早会复活的！"

伦敦德比。伦敦有很多大大小小的球场，阿森纳，切尔西，热刺。我们光顾这些大小球场的纪念品商店，却因为穷只买些小而简单的东西。阿关是曼联铁粉，还加了豆瓣红魔小组。所以他不买阿森纳和切尔西的商品，只买明信片。我却会在他喷火的目光中买些无厘头的小东西，例如奶瓶，润喉糖。

回家的路上总要经过交错的铁轨，它们在伦敦灰色的天空下一眼望不到尽头。

天空飞速流动着大朵的云，阿关看见路边有快要死掉的蚯蚓，会用小树棍挑起扔进湿润的草丛，我则会一路摘很多不知名的野花，说要回去摆在阁楼的窗口。

可它们往往在半路就会因为失去水分变得皱皱巴巴，和天色一起黯淡下去。

7

And now, the end is near;
And so I face the final curtain.
My friend, I'll make it clear,
I'll state my case, of which I'm certain.
I've lived a life that's full.
I've traveled each and every highway;
And more, much more I did,
I did it my way.

——*My Way*

8

每天下午，我都要独自坐 Over ground 去遥远的地方办事。

站在站台上，看雾气迷惘的远处，火车懒散地开来。那是坐车的人最少的时间，车厢里除过我之外几乎只有零星的老者一动不动地坐在洁净的沙发座椅上，和穿得很 Hip-hop 的黑人安静地站在明暗交界的角落。

秋日阳光下的小猫，无家可归，在车窗外一晃即逝。几片脆弱的黄叶低沉地飞，随着火车，翻腾向前，落下。

大片的金色仍旧像油画一样疾驰向身后远去。

寂静中倦意降临。

我眼皮缓缓垂落，似乎会永远地就这样睡着。

9

住在阁楼里的最后时光，我和阿关躺在床上玩编故事的游戏，说定开头和结局，中间过程你一段我一段地编，最终要一起编圆一个故事。

故事的开头是“在遥远的大森林里，住着一只野猪”，此后一人编一段，每段五分钟。一人讲完一人接着之前的情节往下讲。结尾必须是“小河马在泰晤士河里欢快地游”。

在我的记忆中，这个故事的结局有两个版本。

我说——

野猪和小河马在伦敦度过了一年快乐的时光，他们一起去了 Tower Bridge，去了白金汉宫，去了福尔摩斯故居，去了 Abbey Road，去了很多地方。有一天，野猪对小河马说，我们来比赛吧，你到泰晤士河里游，我在岸上跑，我们看谁先到大本钟！小河马说，好呀！说完就跳进泰晤士河里。野猪在岸上跑了起来，边跑边时不时幸福地看看小河马。夕阳西下，小河马在泰晤士河里欢快地游。

阿关说，嗯，其实我还有另一个结局

阿关说——

野猪和小河马在伦敦度过了一年快乐的时光，他们一起去了 Tower Bridge，去了白金汉宫，去了福尔摩斯故居，去了 Abbey Road，去了很多地方。有一天，野猪对小河马说，我们来比赛吧，你到泰晤士河里游，我在岸上跑，我们看谁先到大本钟！小河马说，好呀！说完就跳进泰晤士河里。

野猪在岸上跑了起来，可是他只跑了两步就停了下来，站在原地看着小河马游向远方，越来越远。

他转过身，一滴鼻血滴下来。他之前得的重病其实一直都没有好。他又回头看了小河马一眼，默默地朝相反的方向走去。

小河马什么都不知道。夕阳西下，小河马在泰晤士河里欢快地游。

10

那天晚上我哭得很伤心。

小拳头一个劲锤阿关。原本开心的编故事时间，又无端端被弄得泪水收场。阿关揉着我的鼻子说，呆呆真善良。

我抽抽嗒嗒地不停嘟囔，明明是阿关对小河马不好。她游到大笨钟发现野猪不见了，她该多伤心！她该多伤心！！！

11

原来一切在那晚就已经注定，大团圆的结局似乎不能成就一个故事。

上海七日。我很困难地认同自己已经回到国内，似乎昨天仍然在曼城街头狂奔，在 stable's 吃四镑一份的 Chinese food，或是满身汗水地赤裸相拥在 seven sisters 的阁楼地毯上。

阿关，你一直说，你很爱我，只是我不认同你爱我的方式。其实你错了哦，呆呆玩游戏的时候就一直是个小骗子，很少有人能看透我真实的想法。我知道你爱我，那天清晨你陪我去开庭，坐在 café 里等我的时候。年夜抱着我冰凉的脚，烧热水的时候。或许更早？呵呵，我不知，也不猜。

那个在 Max 楼下抽烟的雨夜，我曾对你说，我来伦敦的目的不是为了你，你来伦敦的目的也不是为了我。你说，是为了生活。也许那时我们谁也没有猜到，当我们蒙在被子里一起说笑的时候，就已经悄然成为了彼此生活的一个部分。

记不记得在利物浦火车站曾看见过一对相拥的情侣，我对你说，阿关我们分开的时候，你别那样。那是因为，我一直很怕流露在外的感情，如果有做戏的成分，反倒无所谓。可倘若是真实的，把它从心底拿出来的时候，你该有多疼？我知道那感觉，因为你我连心，你疼的时候，呆呆都在陪你一起疼。

阿关，我们在一起，一直都好快乐，对么？即使筋疲力尽，即使身无分文，即使在伦敦没有太阳的冬天。你一直给呆呆讲可爱的故事，不让别人伤害她。我有一次梦见，圣诞节自己在人潮汹涌的街头漫无目的地走，忽然听见你在叫我，我转身，却发现背后忽然变得空无一人。只有牛津街上一个个美丽的橱窗，寂静无声。

原来我终于还是变成了 Oliver。

想要陪你更久一点，再久一点。你怎么能知道呆呆有多想在阿关最需要的时候，陪在他身边呢。In our winter city, the rain cries a little pity, for one forgotten hero, and the world doesn't care. 你要记得坚持，因为呆呆会 care, whenever and wherever.

Camdon 的人群像剪影一般，在或者傍晚，或者阳光喷涌的清晨，漂浮在脑海中一个遥远的点。我们却又要无可奈何地被迅速卷入已然习惯了二十多年的，各自的人生。我们去伦敦的目的，终究不是为了对方。可是伦敦在那里，北半球的那个经度，那个纬度，它不会跑。伦敦是永远属于我们的。We all live in the red double-decker bus.

呵呵，阿关你说对不对？

12

我让你对我说你相信天长地久
你一如既往地摸摸我的鼻子
然后一如既往地不置可否
我知道
你相信过
在你还不认识我的那些时候

于是我想找个地方躲着你
公寓,house,或者没人接吻的接吻楼
地板不像 Hawkridge 那样嘎吱嘎吱
电梯不像 Max 那样逼仄简陋
铺一块洒满阳光的地毯
再养一只名叫阿关的小狗

从此以后
听到要拍照不用灰常鸡冻
周末喝酒随便找个某某
没有飘雪路上穿黑丝的忐忑
煮汤时不必为了放不放紫菜而发愁
迟到了不用撒谎说已经到了 Sainsbury 门口
因为知道远处没有人在怒火中等候

想起那天看到的 Over ground 窗外的小猫
趴在铁轨的边上
眼神像那天下午的阳光落叶一样
小哀愁
是不是喝醉酒的时候也有人陪她走过这条路
水塔，桥洞，野花
是谁拉着她的小手

我让你对我说你相信天长地久
可是我自己
却从来都没有相信过天长地久

13

2009 年秋天的一个夜里，我站在窗边，望着远处星星点点的灯火，忽然转过头，茫然地像只夜游的小猫。

阿关，你今天真的别回去了吧。

你说真的啊。

嗯，真的啊。

那怎么睡？

穿着衣服睡，就睡我床上，你陪我说说话。

14

上帝开了个玩笑。

那一时刻我们谁都没有觉察到。在伦敦的夜色里，在万籁俱寂的城市上空，约翰列侬正坐在我的窗口，轻声敲打着玻璃。

他独自默默地写着。

Let it be.